ドーコン叢書……1

［編著者］ドーコン叢書編集委員会

エンジニアの
…の手帳

…ためにできること12の点描

共同文化社

I-1 ……24P

潜水観察。冬も夜も潜って知った魚の社会

川を覗いて魚と話をする

大物から順に釣れる――。
渓流釣りの格言は真実だった。
生き物にやさしい川づくりのために、
冬も、夜も川に潜り、
魚との対話を続けた環境技術者が報告する川魚の世界。
そこは強く、賢いものだけが生き残れる競争社会だった。

流れの中でエサを
食べるヤマメ

深場で群れるカラフトマス

オショロコマ メス(左)とオス(右)

ベニザケのカップル オス(左)とメス(右)

I-2 ……….44P

もうひとつの雪むし。セッケイカワゲラはどこへ行く

北海道には雪むしと呼ばれる虫が、
有名なのとマイナーなのと少なくとも3種すんでいる。
環境技術者は、マイナーな雪むし、セッケイカワゲラに注目した。
飛べない虫なのに、懸命にどこかに行こうと歩いている。
行き先を追うと、生命進化の偉大さが見えてきた。

トドノネオオワタムシ

クモガタガガンボ

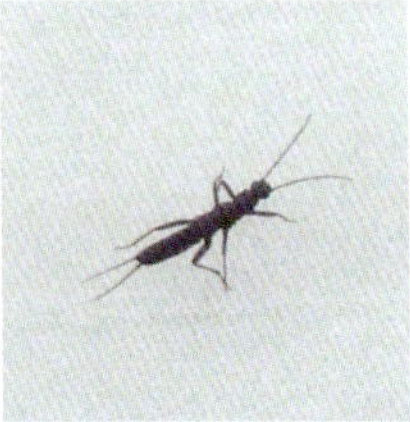

セッケイカワゲラ

雪の中、セッケイカワゲラは森を目指す

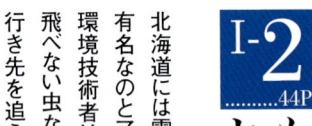

雪原に残るノネズミの足跡

I-3
56P

生態系の土台。北の大地にノネズミを追う

環境技術者はノネズミを捕らえるために
森にネズミ捕りを仕掛ける。
その数は100メートル四方に
100個にもなる。
生態系の底辺に生きるノネズミの健康は
生態系の健康を意味するからだ。
そんな技術者があるとき、
大都市札幌にワナを仕掛けた。

生態系を土台から支えるノネズミ

幌加内峠の蛇紋岩露頭

I-4

..........72P

マントルからの使者。蛇紋岩《じゃもんがん》の恵み

地球内部はゆで卵のように
地殻、マントル、核に分かれている。
地殻は卵のカラのように薄く、マントルは厚い。
しかし、それでも地殻の下にあるマントルの物質が、
そのまま地表に出てくることはほとんどない。
蛇紋岩という例外を除いて。
マントルからの使者、蛇紋岩は優れて悩ましく、
地質技術者を魅了する。

アポイ岳のかんらん岩の露頭

蛇紋岩はもろい。鵡川右岸の大崩れ

Ⅱ-1
..........88P

山アテ道路。北海道の直線道路ミステリー

秘密の鍵は明治の測量技術

鉄道も山を目指す

本州の道と北海道の道の大きな違い。
長い歴史から少しずつできあがった本州の道に対して、
北海道の道は、技術者によって計画的につくられた。
そんな成り立ちの歴史が、北海道の道には隠されている。
明治の道路技術者の苦難が刻まれている。
ところでここは、北1条西1丁目。
この北に向かう道は、本当に北に向かっていると思いますか。

山頂を目指して道がつくられた

Ⅱ-2
……102P

土を診《み》る。
特殊土壌に覆われた北海道

熟成途中の堆肥。やがて黒土となる

火山灰が降り積もってできた火山性土。
寒さのため植物が腐らずに積もってできた泥炭土。
営農上問題を抱えるこうした土が、
昭和40年代には全道の8割を占めるとさえ言われていた。
北海道の土地は、痩せ地だった。
農業王国になるために、
北海道は土と戦わなければならなかったのだ。
農業技術者は、土の健康を守るため、今日も土を診る。

豊かな十勝平野。かつては農業に不向きな土だった

Ⅱ-3 ……118P

治水百年。100km短くなった石狩川

100年前の石狩平野はどんなところだっただろうか。
見渡す限り巨木の森が広がる大樹海だったろうか。
事実は、長大な石狩川が縦横無尽に暴れ回る湿った場所だった。
石狩川を制することが、北海道開拓の成否を決める。
そんな使命感に燃え、若き河川技術者たちは、
石狩平野のぬかるみに挑んでいった。
その戦いは、今も続いている。

石狩川にかかる美原大橋

石狩川河口

豊かな河畔林　神楽岡公園

Ⅱ-4

……132P

川のお医者さん奮闘記。健康な流れを取り戻す最先端の土木技術

川は生き物だ。
生き物であればこそ病にも侵される。
自然のままだからと、
病に苦しむ川を放置するのは、
けっして自然のためにならない。
川を苦しめるのが人間ならば、
苦しみから救えるのも人間。
だから、河川技術者の活動は、
周囲にこう告げることから始まる。
この川は病気です。

瀬、淵、河原がある健康な川

カーブの美しい無意根大橋

Ⅲ-1
……152P

定山渓国道。知っているようで知らない土木遺産

文化財にもなっている古建築のように、
有名建築家によってデザインされたビルディングのように、
建築物として道路を見たことがあるだろうか。
札幌近郊を走る定山渓国道は、その優れた見本だ。
道路は公園のように——。
一人の道路技術者の理念は、40年以上経っても古びず、あせず。
その優れた設計思想は、現代の道路技術者を刺激する。

落石対策が施された薄別トンネル

III-2
........166P

風景を読み解く。ランドスケープ・デザインの世界

同じライターの炎。
九州で見る色と、
北海道で見る色はまるで違う。
緯度による太陽光の入射角の違いが色の違いになると、
ランドスケープ技術者は言う。
東西南北、上下左右に加えて、過去と未来。
ランドスケープ技術者の視野は、常に四次元だ。
小樽運河、札幌芸術の森。
人が生き生きとして見える風景を創る手法を
公開してくれた。

小樽堺町本通のランドスケープ・デザイン

もともとの自然を生かした札幌芸術の森

Ⅲ-3 ……184P

どうしようもなく上富《かみふ》が好き。上富良野町都市マス物語

このまちが、どうしようもなく好き。
平成10年6月、上富良野町都市計画マスタープランの
タイトルが、住民委員のこのひとことで決まった。
現在もまちづくりの指針として生き続ける
このマスタープランはいかにつくられたのか。
都市計画技術者がタイムスリップして探ったそこには、
明日のまちづくりにもつながる住民自治の姿があった。

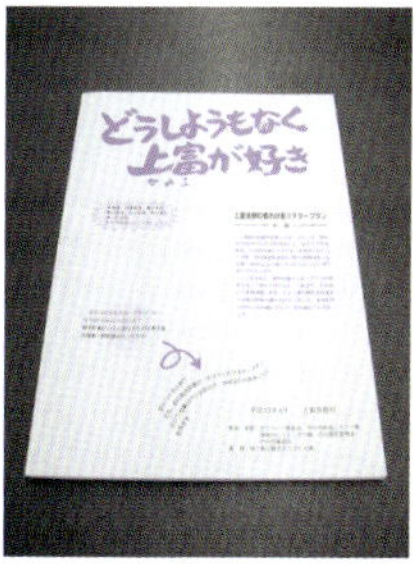

上富良野町都市計画
マスタープラン

都市マスから生まれた見晴台公園

Ⅳ-1 ……204P

北からの挑戦。サイクルシェアリング「ポロクル」

サイクルシェアリングで札幌を元気に

初代ポロクル自転車は鮮やかな青

最も自由で、最も身軽な乗り物だった自転車。
けれども、過密化する都市の中で、
すっかり自転車は重い乗り物になってしまった。
自転車の自由を都市の中で復活させたい。
札幌発のサイクルシェアリング「ポロクル」は、
道路技術者による実証実験として始まった。
そして２０１１年、
サイクルシェアリング「ポロクル」は
実験からソーシャルビジネスへと取り組みのギアを上げる。

自由な乗り降りを可能にしたポート

2代目ポロクル自転車はオリジナルデザイン

■本書に登場する主な地域や地点

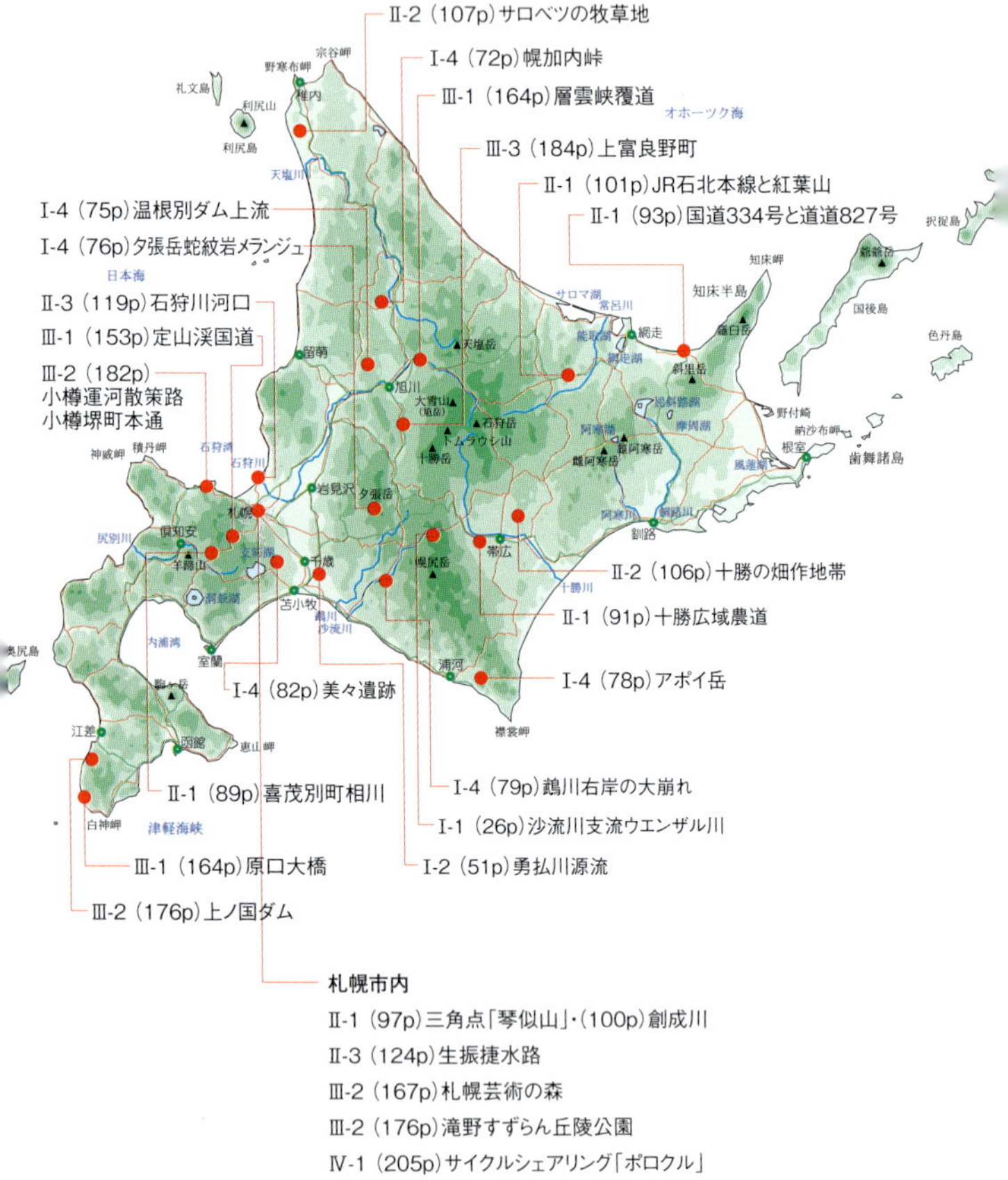

はじめに

私たちは札幌に本社のある総合建設コンサルタントのエンジニアである。道路、橋梁、河川、環境、農業、地質、ランドスケープ、都市などの工学技術分野を専門とし、道路や河川をはじめとする社会資本の調査・計画・設計業務に携わっている。

そんなカタイ私たちが見つけた「北海道のちょっといい話」を紹介したい。


広大な北の大地を歩き回っていると、自然界の不思議な現象に出会ったり、都市活動に潜む意外な事実を発見することがある。また、開拓を担ってきた人々や先輩技術者の優れた業（わざ）の痕跡に触れて感動することもある。そういう未知との遭遇は私たちにとって千載一遇のチャンスであって、それがなぜ、どのように起きるのか、社会にどんな影響があって、何に活用できるかなどと探求を始めることになる。

ただし、そんなとき私たちは、未知のことを理解しようと努める一方で、常に社会への還元《工学的解決策による》を重視する。仮に現象を十分に解明できなくとも、工学技術で社会に貢献できる「結果」を優先するように訓練されているからである。

本書には、そんなエンジニア目線で探った「あまり知られていない北海道のエピソード」や「北海道の暮らしを豊かにするためのメッセージ」を12編集めている。

さて、わが国は成熟型社会を迎え、公共事業政策が大きく転換されて社会福祉に力点が置かれるようになった。しかし、豊かな福祉社会と国民経済の発展を支える基盤はやはり安心・安全な河川、道路、鉄道、上下水道をはじめとする社会資本である。私たちのような技術者集団には、50年、100年という長いスパンで未来の社会に必要なものをしっかり見定め、良質な社会資本を次の世代に残す責務があると思う。

そのために、私たちは「信頼の〝人と技術〟で豊かな人間環境の創造に貢献する」という経営理念を確認しつつ、ソーシャルエンタープライズとしての自らの情報を社会に発信しなければならない。この叢書の出版は、そう考えてスタートしたものである。

技術をキーワードに、北海道のためにできることを考えよう。私たち自身のエンジニアスピリッツと未来感覚を研ぎ澄まし、組織が一丸となって常に自己変革する勇気と情熱を持とう。この第一集の根底にあるのは、そんな考え方である。その意味で、本書は私たちの決意表明でもある。

（株式会社ドーコン　技術委員会委員長　中原 英禀）

ドーコン叢書…❶ エンジニアの野外手帳 北海道のためにできること12の点描

［目次］

II 土地の履歴をひもとく

Ⅲ　未来の風景を創る

Ⅳ　ソーシャルビジネスの扉をひらく

I

自然の成り立ちを知る

1　潜水観察。冬も夜も潜って知った魚の社会　三沢　勝也
2　もうひとつの雪むし。セッケイカワゲラはどこへ行く　原内　裕
3　生態系の土台。北の大地にノネズミを追う　三浦　和郎
4　マントルからの使者。蛇紋岩《じゃもんがん》の恵み　山崎　淳

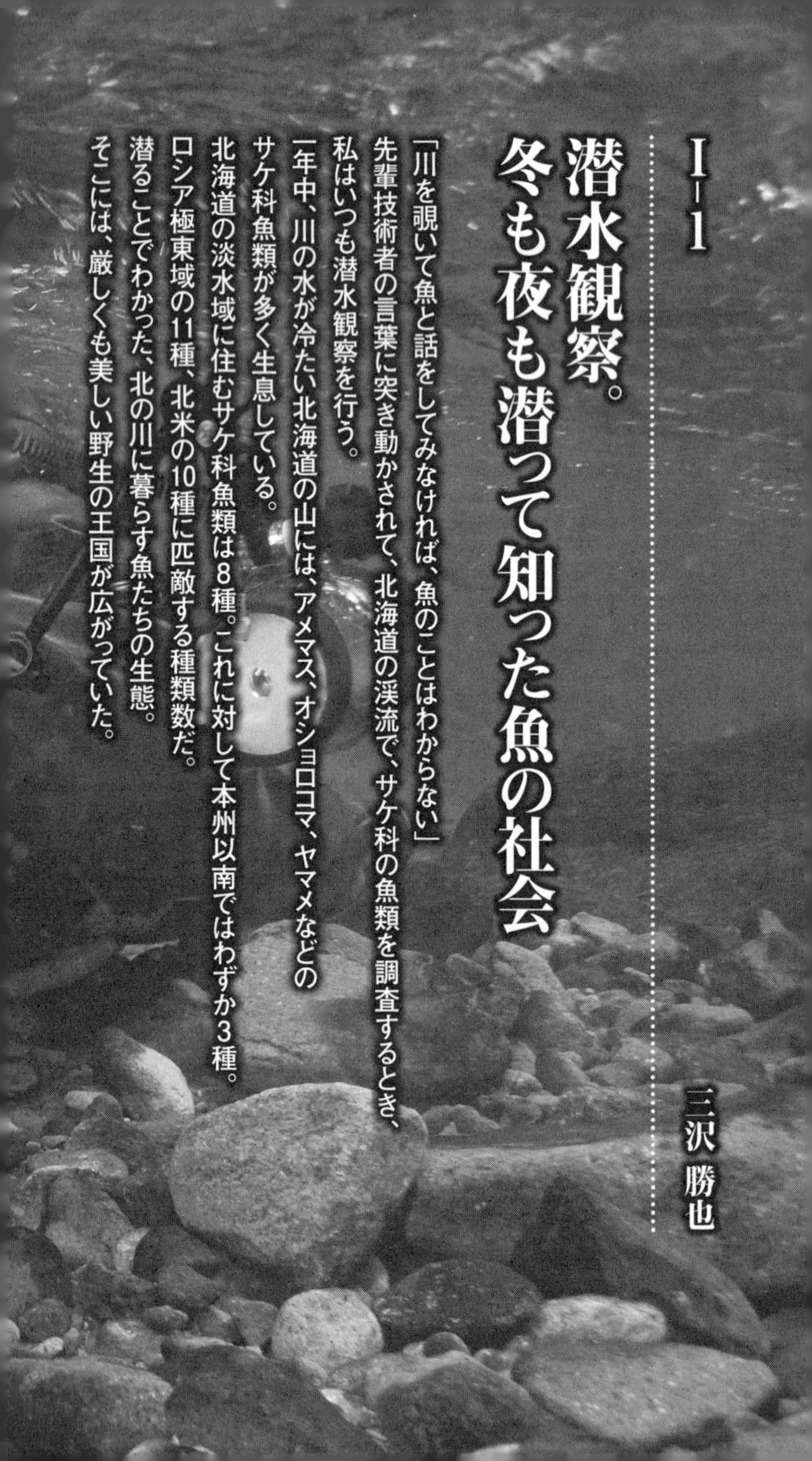

I－1

潜水観察。
冬も夜も潜って知った魚の社会

三沢 勝也

「川を覗いて魚と話をしてみなければ、魚のことはわからない」

先輩技術者の言葉に突き動かされて、北海道の渓流で、サケ科の魚類を調査するとき、私はいつも潜水観察を行う。

一年中、川の水が冷たい北海道の山には、アメマス、オショロコマ、ヤマメなどのサケ科魚類が多く生息している。

北海道の淡水域に住むサケ科魚類は8種。これに対して本州以南ではわずか3種。ロシア極東域の11種、北米の10種に匹敵する種類数だ。

潜ることでわかった、北の川に暮らす魚たちの生態。

そこには、厳しくも美しい野生の王国が広がっていた。

写真1　水温4℃の中、30kg の機材を背負って潜水する筆者（2010.9.25撮影）

川の中の生存競争

潜水観察の朝、起床は必ず午前3時。30kgの機材を担いで山道を歩き、目的地の渓流にたどり着く。魚が起床する5時には潜水開始だ。

ここは日高地方、沙流《さる》川支流のウエンザル川。7月だというのに水温は6℃。魚は流れの中心に留まり、他の魚と競いながら流れてくるエサを食べていた。淵の中では大型の魚がエサの豊富な流れを占有し、他の魚が近づくとひっきりなしに威嚇し、追い払っている。京都大学の故中野繁先生が紹介した「魚の社会順位」の風景だ。

私は、大学3年生のときに、中野先生の論文を読んだことでサケ科魚類の生態研究に憧れ、生物技術者の道に進むことにした。中野先生のいう「魚の社会順位」とは、サケ科の魚に見られる縄張り争いを指す。

河川に暮らすサケ科の魚は、流れの速い川の中で、上流に向かって泳ぐことで一カ所に留まり、水面に落下した陸生昆虫や上流から流れてくる水生昆虫などを食べて生活している。しかし、同じ流れの中でも、エサの豊富な場所、エサを採りやすい場所などがある。縄張りをめぐって魚たちは争うのだが、勝負はほとんど体のサイズによって決してしまう。

こうして川の中ではサイズに従って群れの順位がつくられる。最も大きな魚が最もエサ

写真2　魚種による遊泳層の違い
上ヤマメ、下オショロコマ（2009.7.12撮影）

が多く採れる場所を独り占めし、体の大きさの順番にエサの少ない場所へ追いやられるのだ。渓流釣りをしているとよく〝大物から順に釣れる〟という話を聞く。これも「魚の社会順位」に従った結果なのだ。

知床半島の河川では、体の大きなヤマメがエサの豊富な水面付近を占有して陸生昆虫を多く食べていたのに対して、体の小さなオショロコマはエサの少ない川底付近を徘徊して水生昆虫を食べていた。見るからに、ヤマメの方がオショロコマよりも丸々と太って成長がよさそうだった。

一方、日高地方のダム湖に潜ったときは、大型のニジマスが表層付近で陸生昆虫を食べていたのに対し、小型のオショロコマが中層付近でプランクトンを食べていた。

魚も人間社会と同様に、社会順位によって住む

写真3　わずか10cm手前まで近寄って来たミヤベイワナ(2010.9.25撮影)

場所やエサが異なる。実際に川に潜ることで、ようやく私は中野先生の論文を理解することができたのだ。魚の生態も百聞は一見にしかずである。

山に住む魚は、ダイバーに慣れると、休息を取るためダイバーの懐に入ってくる習性を持っている。潜水して5分。最初は警戒して距離を置いていた魚も、しだいに近寄ってきた。〝美しい写真を撮らせてください〟という切実な想いが届いたのか、フラッシュも気にせず、魚の方からファインダーの中へ入ってくる。

焼いて食べよう、掴まえてやろうなどの下心を持っていると、魚は岩陰や倒流木の中に身を潜めて二度と出てこない。産卵期のカップルに不用意に近づくと、産卵放棄してしまう恐れがある。技術者として、けっして許される行為ではない。

魚には、敬意を払い真摯に付き合うこと。これを教えてくれたのは、私の師匠、妹尾優二さんだった。

潜水観察の先駆者

北海道の河川における魚の潜水観察という調査方法は、私が知る限りでは30年ほど前に妹尾さんが広めた手法である。

彼は、昭和26年（1951年）に北海道赤井川村で生まれた。もの心のついた頃から野山に遊び、川を友達として育ったという。昭和45年、ドーコンの前身、「北海道開発コンサルタント」に入社し、河川計画や環境調査に携わった後、平成3年（1991年）の退社後「流域生態研究所」を設立し、魚類の生態調査に基づいた河川の改修計画や設計を手がけている。

妹尾さんが潜水観察を始める前、昭和40年代の魚類調査は、刺し網や地びき網で魚を捕獲し、種類、生息数、食べているエサなどを調べることがせいぜいで、水中で魚が生活している姿を知る技術者は少なかった。魚が捕れた場所の水深、流速などから生息環境を想像していたにすぎない。このため「魚に配慮すべき事項」が設計や施工に反映されず、河川改修によって魚の住みづらい不自然な川へ変貌することがあった。

そんな反省から、川本来の姿を創出し、人間を含めたすべての生き物が利用できる川づくりを行うことを目的に、妹尾さんは昭和55年から潜水観察を始め、以来、今日に至るまで常に現場で魚と向き合っている。

平成13年2月、ドーコンに入社して1年目の私は、支笏湖に注ぐ美笛川の魚類調査の現場で、妹尾さんと初めて出会った。私にとって、冬季のサケ科魚類の産卵・越冬環境の把握を目的とした最初の現地調査だった。

真冬の寒波に見舞われ、水面には厚い氷が張るとともに、白い湯気が立ち昇っていた。

こんな寒い日に魚の調査ができるのだろうか？

そんな私の不安を察したのか、妹尾さんは潜水観察による魚の生態記録をこれでもかと私に見せてくれた。私が抱いていた不安はすぐに〝この人は、どんな気象条件でも調査をこなすことができる〟という確信に変わった。

それでも、今日の寒空だ。潜水観察はなく、陸上から魚を捕獲する調査と私は勝手に思い込んでいた。

しかし、師匠は、現場に到着するや否やドライスーツを身に纏い、零下20℃の酷寒をものともせず川に潜ろうとする。そして呆然と立ち尽くす私にこう語った。

「川を覗いて魚と話をしてみなければ、魚が満足してその場所にいるかどうかわからない。魚に夢中になっている間は、水の冷たさなど一切感じない」

潜水し続けて3時間、辺りが暗くなり始めた頃、師匠はようやく陸に浮上した。そして、魚が産卵・越冬する環境が減少していることを指摘し、「魚の休む場所を回復させてやれば、元の川に戻るだろう」と言った。たった一度の潜水で、改善策が閃いたようであった。

師匠の経験、一瞬の隙も見逃さない観察力、あふれんばかりの自信を目の当たりにして、私も〝魚と話ができる技術者になりたい〟と憧れ、魚を求めて山へ足を運ぶようになったのである。

私が潜水観察に挑戦したのは、この出会いから4カ月後。オショロコマの写真を撮りたいという想いだけで、ドライスーツを着用して、水中カメラ片手に道南の小河川に潜ってみた。

水の冷たさ、青々とした透明感、流れの強さ、魚の

写真4　気温−14℃、氷雲の下で春の訪れを待つブラウントラウト(2011.1.8撮影)

たくましさに驚嘆した。陸上からの調査では、まったく想像がつかない世界だった。私は、すっかり水中の世界に魅了されてしまった。

それからアメマス、ヤマメと撮影魚種が増え、気づいた頃には北海道中の魚を追い駆けていた。3年目には、恩師である北海道大学の帰山雅秀教授に連れられ、アラスカまでベニザケ観察に行くほど熱中した。

この頃、私は写真撮影に夢中だった。納得した写真が撮れなければ、何度も同じ川を訪れた。そんな私だったが、撮影に慣れるにつれ、魚の行動にも興味を抱くようになったのだ。

北海道のサケ科魚類

北海道のサケ科魚類は、海洋と河川の間を移動する「降海型」と、一生を河川で過ごす「残留型」に大きく区分される（表1）。

降海型のうち、サケとカラフトマスは海で数年間生活した後、秋に生まれ育った母川へ戻って産卵し生涯を終える。冬に氷の下で誕生した稚魚は、春の訪れとともに海へ旅立つ。

サクラマスの稚魚は、1年の河川生活の後、降海型と残留型に分かれる。降海型は、2

区分	生活タイプ	和　名	学　名
在来種	降海型	サケ	*Oncorhynchus keta*
		カラフトマス	*Oncorhynchus gorbuscha*
		サクラマス(ヤマメ)	*Oncorhynchus masou*
	残留型	アメマス	*Salvelinus leucomaenis*
		オショロコマ	*Salvelinus malma*
		イトウ	*Hucho perryi*
	陸封型	ヒメマス	*Oncorhynchus nerka*
		ミヤベイワナ	*Salvelinus malma miyabei*
外来種	陸封型	ニジマス	*Oncorhynchus mykiss*
		ブラウントラウト	*Salmo trutta*
		カワマス	*Salvelinus fontinalis*

表1　北海道に住むサケ科魚類の生活分類

年目の春に体がスマートな銀色に変わり、海へ降りる。残留型はヤマメとよばれ、上流域で一生を過ごす。

残留型のアメマスとオショロコマは、生まれた場所で一生を過ごすが、道東・道南・道北の低地のアメマスには、サクラマスのように海に出るものもいる。

オショロコマは、水の冷たいところにしか生息しない。両種とも秋に産卵するものの、一度の産卵で死ぬことはない。

イトウは、道北、道東、道央の一部の河川にしか生息しない。早春に、雪解け水に逆らうようにして川をさかのぼり上流域で産卵する。一生の間に10回近く産卵し、寿命は20年以上に及ぶ。大きくなると魚を多く食べることから、蛇行した河川が流れる湿原などに生息する。かつては、北海道中の河川に生息していたが、開発や乱獲によりしだいに姿を消した。

この他に、屈斜路湖、阿寒湖、支笏湖などに生息するヒ

写真5　多くの至難を乗り越えて結ばれたベニザケのカップル（2010.10.23撮影）

メマス（陸封型）、然別湖にしか生息しないミヤベイワナ（陸封型）がいる。

ヒメマスは、阿寒湖とチミケップ湖にしか生息していなかったが、人による放流によって他の湖沼にも生息するようになった。秋になると湖岸や湖に流れ込む川で産卵し、生涯を終える。

ミヤベイワナは、オショロコマの亜種で、約1万5000年前に大雪山系が噴火して然別湖が誕生した際に、オショロコマが湖に取り残されて進化したといわれている。

オショロコマよりも尾ヒレと胸ヒレが大きく、エラの中にある「さいは（水と餌の濾過器）」が多いといった特徴を持つ。湖沼での生活に適応するため、体の形質が変化したと考えられている。

さらに、外来種のニジマス、カワマス、ブラウントラウトが生息している。

ニジマスは、北太平洋沿岸およびカムチャツカ半島原産で、北海道では大正9年（1920年）に食用のため放たれた。北アメリカ東海岸原産のカワマスは昭和初期に、ヨーロッパおよび西アジア原産のブラウントラウトは戦後に、釣りの対象として放たれた。

3種とも気性が荒く、在来種と同じ場所に住むことから、在来種への影響が心配されている。

このように北海道のサケ科魚類の生活は多岐にわたり、生息場は広範囲に及ぶ。冷水域のオショロコマ、山地渓流のアメマス、中・下流域で産卵するサケ、カラフトマス、河口域から上流域へ移動するサクラマス、湿原域に生息するイトウ…。

どうして北海道のサケ科魚類はこんなにも生活パターンが異なるのだろうか？

サケ科魚類は、もともと淡水魚だった。食べ物

写真6　2月、倒流木の下で春の訪れを待つアメマス（2010.2.11撮影）

の乏しい北国を生き延びるために、豊富なエサを求めて海に移動する能力を獲得したと考えられている。淡水魚だった時代の環境の違いが、今も多様な生活パターンとして影響を与えているのだ。

北国の渓流の暮らしは過酷だ。このため川の周辺で森林伐採などの行為があると、住めなくなる種が出てくる。環境の変化に敏感なことから、サケ科魚類は川の環境を計る指標となっている。このことがわかってから、私はサケ科の魚から河川環境を考えるようになった。

夜の川、雨の川

同じ川を何度も訪れると、季節によって魚の生息場所が異なることに気づく。

春から夏に流れの中心で盛んにエサを食べていたヤマメが、秋になると流れのゆるい川の脇へ、冬には枯枝や落葉の中へと移動し、しだいに動きが鈍くなる。春にほっそりしていた体が、秋には丸々と太っている。暖かい日には、日当たりのよい場所に移動して日光浴をすることもあった。

寒冷地に生息する魚は、夏にたくさんエサを食べて脂肪を蓄え、厳しい冬に備える。そ

写真7　夜8時、月明かりの下で産卵するサケ（2010.10.13撮影）

して冬になると、エサを食べずに流れのゆるやかな場所で春の訪れを待つのだ。

体の大きな魚は楽に冬を越せると思うが、小さな魚は無事に冬を越せているのだろうか？　中野先生の「魚の社会順位」は、冬にはどうなっているのだろうか？

こんな疑問の答えが欲しくて、真冬の2月に川に潜ってみた。

予想どおり、寒さに耐えられず息絶えた小さな個体が観られた。かわいそうな気がするが、これが自然の摂理である。

24時間の潜水観察では、魚の一日の暮らしを見ることができた。

昼に流れの中心でエサを食べていたアメマスが、満腹になると流れのおだやかな場所で休息する。鳥が近づくと急いで倒流木の中に隠れる。夜間の潜水で、魚が浅瀬で睡眠を取ることもわかった。

夜行性のイトウやブラウントラウトが小魚を食べるため浅瀬に集まっていた。魚も人間と同様に、食事を取る場所や休憩・睡眠を取る場所が必要なのだ。

早朝、浅瀬の周りには獣が魚を食べた痕跡が見られた。寝ている魚を狙ってシマフクロウやキツネが夜、浅瀬に集まっていたようだ。

雨の日も潜った。晴れの日には木陰に隠れている魚が、雨の日には積極的に川の真ん中に出てくる。水中の見晴らしがよい晴天の日のように、陸上の外敵を警戒して物陰に隠れる必要がないからだ。

都市部の河道が直線化し、河畔林が伐採された川では、水の流れが均一で休息場や隠れ場が少ない。さぞかし魚はストレスの多い生活をしているに違いない。

オスとメスの争い

北海道の淡水魚には、イトウ、ウグイ、ワカサギなどのように春（5～6月）に産卵を行うものと、サケ、サクラマス、オショロコマなどのように秋（9～11月）に産卵を行うものがいる。

写真8　産卵を終えて、深場で次の産卵をうかがうカラフトマス（2010.9.18撮影）

写真9　湧き水が出る砂礫底に産卵床を掘るオショロコマのメス（2003.12.28撮影）

秋は台風による出水で川がきれいに洗われ、春も雪解け水によって、川底の泥が洗い流されている。またこの季節は川底に酸素の供給量が多い。魚たちは産卵する季節を選ぶ知恵を身に付けているのだ。さらにサケ科の魚は、卵が流されたり泥に埋もれないよう3〜4カ所に分けて産む。

産卵を終えたメスは深みや木の影で休息してから、数日後に別のオスと産卵する。10〜11月は中流域で産卵していたのに、12月以降になると下流域で産卵する。また遅い時期に産卵するメスほど、温かい湧き水が出る場所を選んで産卵する。

サケの卵は水温によって成長するため、遅い時期（12月以降）に産んだ卵は、早い時期（10〜11月）の卵よりも成長が遅れる。春になって稚魚たちが海に行けなくなることがないよう、遅い時期に産卵するサケは水温の温かい場所を選んでいたのだ。

上流でサクラマスの遡上を観察する。どうしたことかオスしか確認できない。メスはどこにいるのだろう。

無事に産卵できるのかと心配しながら、川で張り続けると、2〜3日後にメスの到着を目撃した。メスは卵を抱えて遡上するので、オスよりも遡上速度が遅いのだ。

メスはどうやってオスを探し出すのか。最近の学説によると、オスの尿から発せられるフェロモンを頼りに川を遡るといわれる。

イトウのオスは、メスの気をひこうと派手な婚姻色を身に纏っている。流れのゆるやかな場所を選んで休息しながら遡上するメスに対して、派手なオスは、ヒグマ、キツネ、ワシなどの外敵から身を守るため倒流木や笹の下に身を潜めながら遡上する。道北で潜水観察を行ったとき、この姿を見ることができた。

こうしてオスとメスが集まると、オスはメスの奪い合い、メスは産卵場の奪い合いを始める。メスよりも個体数が多いオスは、強い者しかメスと結ばれない。だからといって振られた者も黙っていない。ほかのペアが産卵する瞬間に割り込んで放精する「スニーキング」という行動をする。弱者ならではの繁殖戦略である。このようにして〝強い遺伝子〟と〝賢い遺伝子〟が子孫に受け継がれていく。

写真10　外敵から身を守るため倒流木の下に身を潜めるイトウの雄（2010.5.4撮影）

産卵を終えて息を引き取った魚は、微生物に分解され、やがて森や川の栄養となる。

技術者として

ある河川技術者と川づくりのあり方について語り合ったときのことである。彼は「自然河川を見たことがないので、自然に配慮した川づくりがわからない」と答えた。そういわれてみると、自然豊かな北海道といえども、昔ながらの河川は現在ほとんど残っていない。私も「本当の自然河川を見ていないのかもしれない。自分が見てきた川も本当に自然なのだろうか?」という疑問を抱いた。

しかし、たとえ完全な自然河川を知らなくても、これまでの潜水観察を通して、私は、川の多様な環境を利用しながら魚は暮らしていること、自然がつくった河川には魚やその生息場に対して繊細な配慮があることを知った。

川を直線化すれば、蛇行していたときよりも遡上距離は短くなる。しかし、魚にたずねると、ゆったりとした流れで休息場や隠れ場のたくさんある蛇行河川の方がよい川と答えるだろう。

森から供給される倒流木、山から供給される土砂、瀬や淀みなどの組み合わせによって、

写真11　産卵を終えて死亡したサクラマスの死体
森や川の栄養となる(2010.9.18撮影)

生息環境や種の多様性が構築されている。そうした中で魚たちは環境の変化に適応しながら子孫繁栄・進化を繰り返してきた。ところが、魚たちは人間の行為によって変化した環境には柔軟に適応できない。人間は暮らしの安定と安全を守るため、川を堰き止め、川底を掘り下げ、まっすぐにしてきたが、これらの行為は魚の暮らしに馴染んでいないのだ。

　自然は常に不確実性をともない、私たち技術者にはいつも想像を超えた難題が立ちはだかる。私は、これからも川を覗いて魚の気持ちを理解し続けることで、人と自然が共生できる社会を構築していく技術者でありたい。

【参考文献】中野繁「川と森の生態学―中野繁論文集―」(北海道大学図書刊行会・２００２年11月)／川那部浩哉・水野信彦「日本の淡水魚」(山と渓谷社・１９８９年11月)／後藤晃・塚本勝巳・前川光司「川と海を回遊する淡水魚―生活史と進化―」(東海大学出版会・１９９４年10月)

I-2

もうひとつの雪むし。
セッケイカワゲラはどこへ行く

原内 裕

各地で自然観察会が盛んだ。

そうした中、物言わぬ自然現象をわかりやすく解説する
インタープリターが活躍している。

環境コンサルタントの仕事の中でも、ここ近年「環境教育」という分野が出現してきた。

その中でコンサルタントエンジニアが、インタープリターになることも多い。

インタープリターとは「自然のメッセージを伝える媒介者」

「人々がそれまで予想だにしなかった新しく魅惑的な世界にたやすく導く人」とされる。

知識の「伝達」「解説」だけではなく、「気づき」や「理解」を
手助けすることが主な活動だ。

冬の北海道では身近な虫、セッケイカワゲラを紹介しよう。

雪むしというには黒く、人気もないこの小さな虫に、
自然を生き抜く野生の力を感じ取ってもらえたら幸いだ。

写真1　厳冬期の針葉樹　こんな厳しい季節でも、生き物は盛んに活動している

北海道に住む3つの雪むし

雪むしは、北海道ではアブラムシの仲間の「トドノネオオワタムシ（写真2）」を指してよぶことが多い。綿のような体の白さと浮かぶように飛び交うことで舞う雪を思わせる季節感たっぷりの虫だ。北海道では10月の終わりには姿を見ることができる。テレビの天気予報や新聞でも決まって秋の終わりに報道される昆虫界のスターでもある。

雪むしこと、本名トドノネオオワタムシは、名前のとおりトドマツの根元に生息するアブラムシの仲間なのだが、夏の間はヤチダモを寄主《きしゅ》とする。1年に2回、住みかとなる植物である寄主を変えるその生態は、とても謎に満ちている。

秋が深まると綿毛を伸ばした成虫がトドマツを目指して舞い上がる。この様子はSnow fairyという英名が付いているほど、森の中では妖精っぽく見える、日本にはない、よいネーミングである。

実は、雪むしと呼ばれる虫が北海道にはもう2つばかりある。

ひとつはガガンボの一種で、本名「クモガタガガンボ（写真3）」。こちらは雪の季節に活動することからその名前が付いた。一般の人には見過ごされることが多く、見た目も地味で、とてもスターとはいえない。

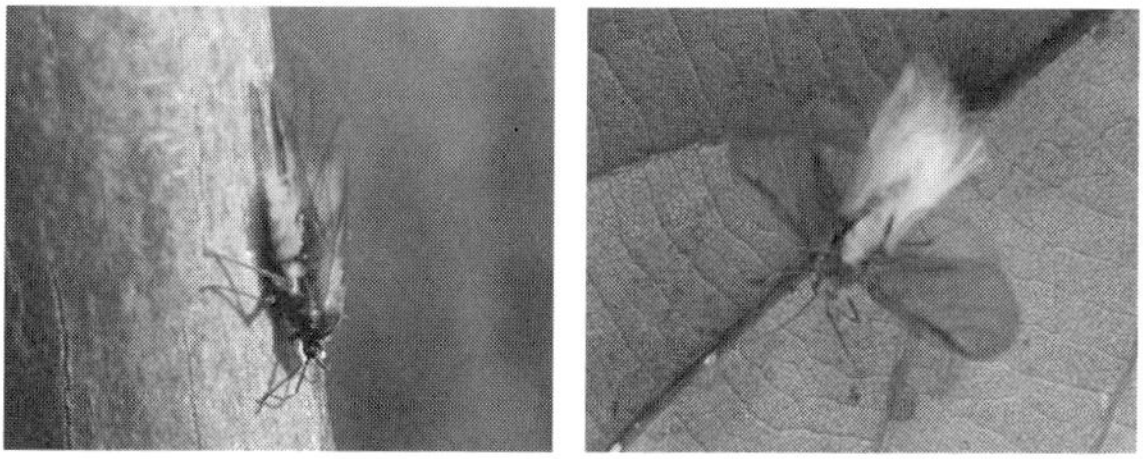

写真2　雪むし1（トドノネオオワタムシ）

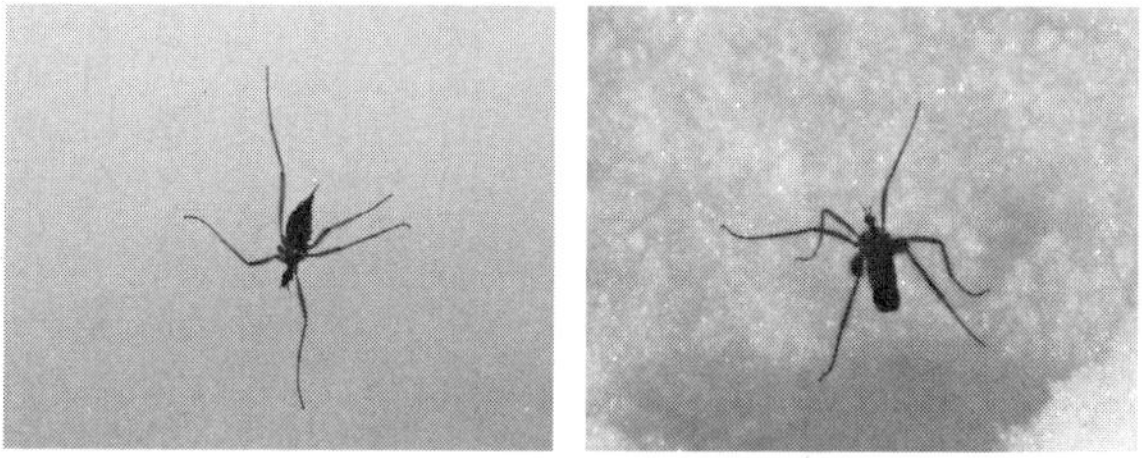

写真3　雪むし2（クモガタガガンボ　左メス・右オス）

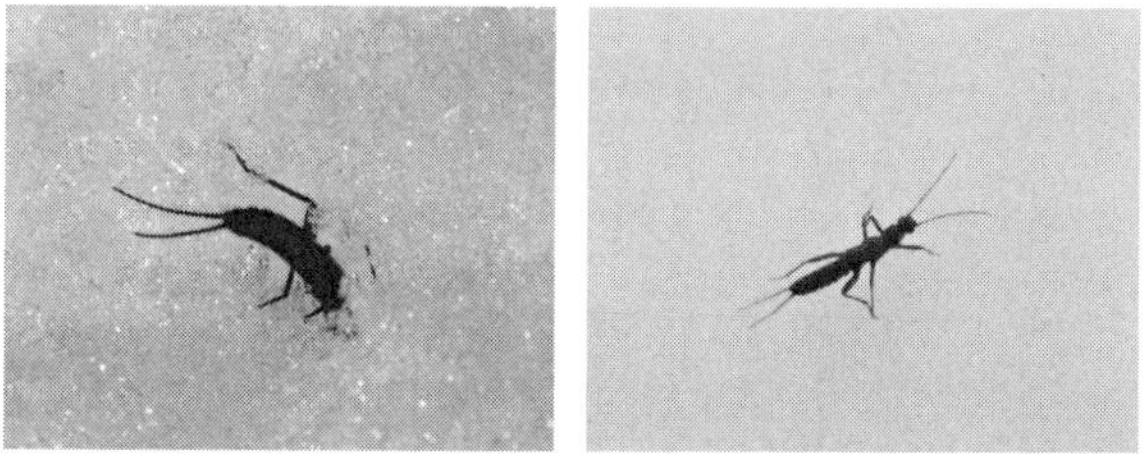

写真4　雪むし3（セッケイカワゲラ）

クモガタガガンボはその名のとおりクモのような姿をした翅《はね》のない虫だが、れっきとしたハエの仲間である。12月頃から3月にかけて発生し、特に北海道では1月に雪の上を歩いている姿を多く見ることができる。悠々と雪上を歩く姿を見ていると、どうしてこんな小さな昆虫が氷点下の世界に進出してきたのか不思議でならない。

雪むしのもうひとつは「セッケイカワゲラ（写真4）」。これはカワゲラの一種で、地方によっては雪むしとよばれている。こちらは少し太陽の光が強さを増してくる2月に多く見ることができる。水のきれいな渓流沿いでよく観察されるが、北海道では平地にも広く分布している。

この虫も翅が退化し、歩くことだけが移動の手段。1cmに満たない体なのに、歩く速度は思いのほか速く、細長い体をクネクネさせ、セカセカと自分よりはるかに大きいザラメ雪を乗り越えて歩いているのを見ると感動さえ覚えてしまう。

セッケイカワゲラは、しばしば意表をつくところに出現する種類でもある。インタープリターとして、「虫を探す鳥の気持ちになってみませんか」とよびかけるプログラムの最中に、樹皮の下から発見したりすることもある。

川から300メートルも離れた尾根を登っていくのを見かけることもある。隣の沢まで、恋人との出会いを求めて歩くのだろうか。

名前の混沌

日本のセッケイカワゲラ類は10種類ほどが知られている。世界中に仲間がいて、よく見かけるのは翅を持たない種類であるが、ほかに長い翅や短い翅を持つ種類もある。このグループは日本に広く分布しており、南米のパタゴニア氷河でも生息が知られている。英名ではｗｉｎｔｅｒ ｓｔｏｎｅｆｌｙといい、日本語にすると「冬のカワゲラ」である。和名は、夏に中央アルプスなどの高地の雪渓でよく観察されていたことから、雪渓（セッケイ）カワゲラと、生息環境をあててよぶようになったのが由来となっている。

一方、平地では雪が降ってから発生し、雪の上を歩くことが観察されるので、この虫を雪むしという名前でよぶ地域も少なくない。江戸時代後期の越後魚沼の生活を記した「北《ほく》越雪譜《せつせっぷ》」（１８３６年）には「雪中の虫—雪蛆《せつじょ》」としてクモガタガガンボやセッケイカワゲラと思われる虫のことが書かれている。

ところが最近になって、セッケイカワゲラはひとつの種に括ることができず、地方によって別種ではないかという議論が始まり、研究は混沌としている。昆虫学者の中には、セッケイカワゲラの住みかは雪渓とは限らず、むしろ雪渓に住む種類の方が特殊だから「ユキクロカワゲラ」という名前を付けることを提唱している人もいる。さらに、北海道のものに「エゾユキクロカワゲラ」という名前をあてる研究者もいる。いずれ北海道の種類はセッケイカワゲラとはよばれなくなるかもしれない。こうした混乱は昆虫学の世界ではよくあることで、しばらくは整理されない状況が続くものと思う。

さてインタープリターは、虫の名前をただ教えるだけでは失格だ。もう少し、セッケイカワゲラの話を続けよう。

セッケイカワゲラよ、どこへ行く

カワゲラの仲間は名前のとおり、幼虫時代を水の中で過ごす水生昆虫の代表選手である。滝野《たきの》（札幌市南区）のような渓流に棲む種類は、水の流れに押し流されてしまわないように、上流に向かって移動する性質がある。上に向かうだけではなく、時には積極的に川の流れに乗ることで生息場所を開拓する。特に夜になると川の流れに乗る数が増える。また、成虫は羽化すると上流に向かって飛び、産卵場所を探すという性質を持っているものも少なくない。これも生物としては合理的な行動といえる。

さて、同じカワゲラの仲間でもセッケイカワゲラが含まれるクロカワゲラ類は、幼虫時代には川の中ではじっとしているという。ところが、成虫になると、歩け歩け、登れ登れ

写真5　冬の勇払川源流
豊富な湧水により冬でも結氷しない雪むしのかっこうの住みか

と、活動的な性格に変身してしまう。

　この行動は、雪渓や氷河が溶けないうちに、産卵場所を求めて上流へ逃げる行動と説明がされていた。今でもテレビ番組などでそんな説明がされることもあるが、私は疑わしいと考えている。

　上流に向かうのなら川沿いを歩かなくてはいけないのだが、私が見たのは川から離れていくものばかり。「どこに産卵するんだよ、絶滅しちゃうんじゃないの」と叫びたくなるほどだ。

　この問いに対する答えとなりそうな研究がある。水生昆虫研究の第一人者であるミュラーがスウェーデンのラップランド地方で、セッケイカワゲラと同じ仲間のクロカワゲラ類を研究した結果である。

　北極圏でも、春になって川の氷が溶けだすと、成虫となったクロカワゲラの仲間が川から這い出す。そしてクロカワゲラは、黒いものが視界に入ると、その方向にまっしぐらに進むという。彼らにとって雪の中で黒く見える代表は樹木だ。黒々とした樹木が目に入ったクロカワゲラの仲間は、雪の上を歩いて樹木にたどり着き、その周りで活動する。そこで過ごす4〜5週間の間に雄雌は出会い交尾をする。大きくなったメスは、木に登ってそこから風に乗って飛翔し、やがて川に戻って産卵するという。

クロカワゲラの仲間が樹木を探していたとすると、一生懸命歩いていた理由は明解だ。やみくもに歩いていたわけではない。また、前に述べたように、樹皮の下から見つかって驚いた理由も理解できる。（参考―大串龍一「水生昆虫の世界・流水の生態」（東海大学出版会））

すすんで冬に活動する理由

ところで、クロカワゲラの仲間である日本のセッケイカワゲラは、歩いて川まで戻るのだろうか。残念ながら日本では研究されていないようなので、ここからは虫に聞かないとわからない。インタープリターとしていくつか仮説を立ててみたい。

① やっぱり往復歩くのでは（あんなに速いのだから問題ない）

図1　翅のあるセッケイカワゲラ類の移動の模式図

図2　翅のないセッケイカワゲラ類の移動の模式図

② 雪解け水に乗って泳いで帰る（泳ぎはもともと水生昆虫だから得意）
③ 翅が生えて飛んで帰る（歩いているのは実は幼虫で木の根元で羽化する）
私は③だったら楽しいなと考えるのだが、本当のところ①なのか②なのか、まだわかっていない。おそらく川に戻るのはメスだけで、それも木にたどり着く間にかなりの数が減るのだろう。川に戻る姿はなかなか観察できないからだ。

セッケイカワゲラが雪解け頃に、川から這い出して樹木に向かうのは、川の水温と関係があると思われる。

この時期の川は、卵をかえすには冷たすぎる。一方、冬でもよく晴れた日には、木肌にほんのりと温かみを感じる。セッケイカワゲラが樹木に向かうのは、木肌の温度が日中にはかなり高くなっているからではないだろうか。ミュラーの観察でも、クロカワゲラの仲間が樹木の周りで成熟することを突き止めているのだ。

クロカワゲラの仲間は氷河期の生き残りではないかという研究者もいる。しかし、私は〝取り残された〟という受身の理由ではなく、自ら積極的に冬に進出したのではないかと考えている。

彼らの体が真っ黒なのも日光の熱を取り込むためと考えられる。黒い体は、純白の冬の中で目立ったとしても、外敵の少ない季節なので問題ない。彼らは、冬に適応することで、安全と自由を手に入れたような気がしてならないのである。

セッケイカワゲラという、1㎝にも満たない小さな黒い虫が、一生懸命歩いていることには多くの理由がある。それは長い進化の過程で勝ち取った能力であり、このことがセッケイカワゲラという種の存続を支えているのだ。

さて、インタープリターの仕事は、環境コンサルタントの仕事に通じるものがある。私たちの仕事のひとつはいろいろな事業が行われる地域の自然を調べ、事業が自然に与える影響を予測し、その影響を最小限にする措置を考えること。自然と人間、歴史や文化と現代人の間に立ち、「環境の中での人間の位置を説明する技術」が求められるのだ。

こう考えるとコンサルタントエンジニアはインタープリターと同じなのかもしれない。そういう意味でも、私はまったく違和感なくインタープリターの世界に出ていくことができたのだ。

「もうひとつの雪むし」を読み、虫を見る目が少しだけ変わっていただければインタープリターとしてこの上ない喜びである。


【参考文献】大串龍一「水生昆虫の世界・流水の生態」（東海大学出版会・1981年7月）／鈴木牧之編「北越雪譜」（ワイド版岩波文庫・岩波書店・1991年12月）

I-3 生態系の土台。北の大地にノネズミを追う

三浦 和郎

身近な動物でありながら、ノネズミは地表を夜中に動き回るという
控え目な生活スタイルのために、私たちヒトからは忘れられやすい存在である。
ノネズミを調べなくとももっと注目すべき対象があるのではないか?
そもそもノネズミ調査を行って、良質な社会資本の整備だとか
自然環境の保全に役立つ何がわかるのか?
環境調査を専門とするコンサルタントエンジニアの生物担当者として、
魚や鳥の専門家は胸を張り、哺乳類とりわけノネズミを相手にしている者は
廊下の隅をこそこそと歩く、そんなイメージが今でもないわけではない。
しかし、ノネズミがこれまで多くの調査技術を教えてくれたことを、
私は忘れたくない。時代が移り流行に変化はあっても、
ノネズミたちが動物生態系の土台を構成することに今も変わりはないのだ。

写真1　エゾヤチネズミ(撮影者:中島宏章)

北海道のノネズミ

相当に昔のことでありながら、今にもつながる話である。

昭和30年（1955年）に発刊され、平成23年（2011年）現在も発行され続けている学術雑誌がある。当初の誌名は「野ねずみ」といい、昭和39年まで「ねずみのしんぶん」というサブタイトルがついていた。昭和58年に冊子名が「森林保護」に変わり今に至っている（写真2）。

発行に携わったのは、北海道大学や林業試験場の研究者たちである。第1号が発行されたのが昭和30年。ノネズミを中心テーマのひとつとした学術雑誌が50年以上にわたって発行し続けられている事実は、いかにノネズミが注目すべき動物であるかを示している。

露の降りた朝早くに、歩道のない野山を歩くと、体のあちこちが濡れる。草原を歩くときと森を歩くときでは、濡れる場所が異なるし、濡れる量も違う。草原の種類、森の種類によってもそれは変化する。朝露がズボンを濡らす範囲は、まさにノネズミの生息空間と一緒だ。

草原には「エゾヤチネズミ」、川原の雑草地には「カラフトアカネズミ」、薄暗い林には「ヒメネズミ」や「エゾアカネズミ」が暮らす。このほかにも、北海道には「ミカドネズミ」

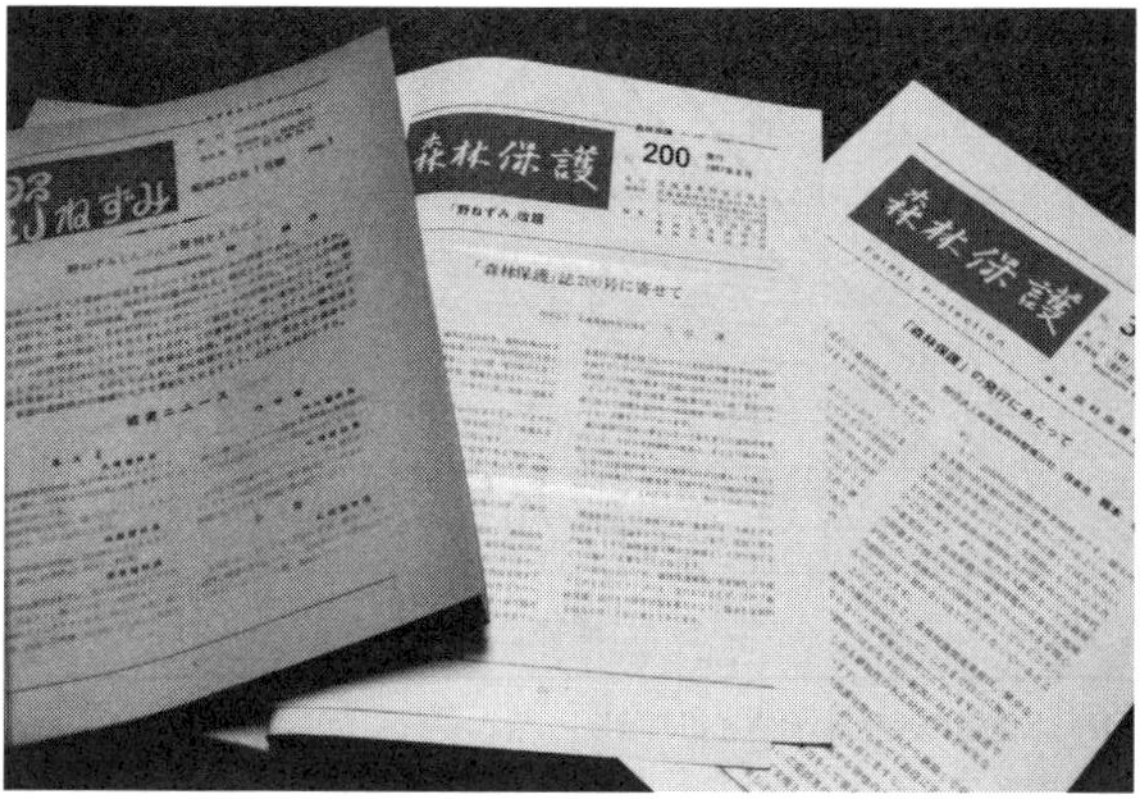

写真2　野ねずみ・森林保護誌（発行 北海道森林保全協会）

「ムクゲネズミ」という特定の場所に住む種類がいる。ミカドネズミは大雪山麓など針葉樹の樹海に多く、ムクゲネズミは日高山脈などで時々捕れることがある。

北海道に生息するノネズミはこの6種類とされている。家ネズミと呼ばれている「ドブネズミ」「クマネズミ」「ハツカネズミ」を加えれば、北海道のネズミ類は9種類だ。

林を歩いていてクルミの殻を見つけることがある。よく見ると、縦に割れた殻と、形をとどめているものの両側から掘られた跡のついた殻がある。

クルミは野生動物にとって貴重な食べ物だ。エゾリスの食べる姿を思い浮かべやすいが、ノネズミも食べる。広葉樹の林には、主にヒメネズミとエゾアカネズミが住んでおり、身体の大

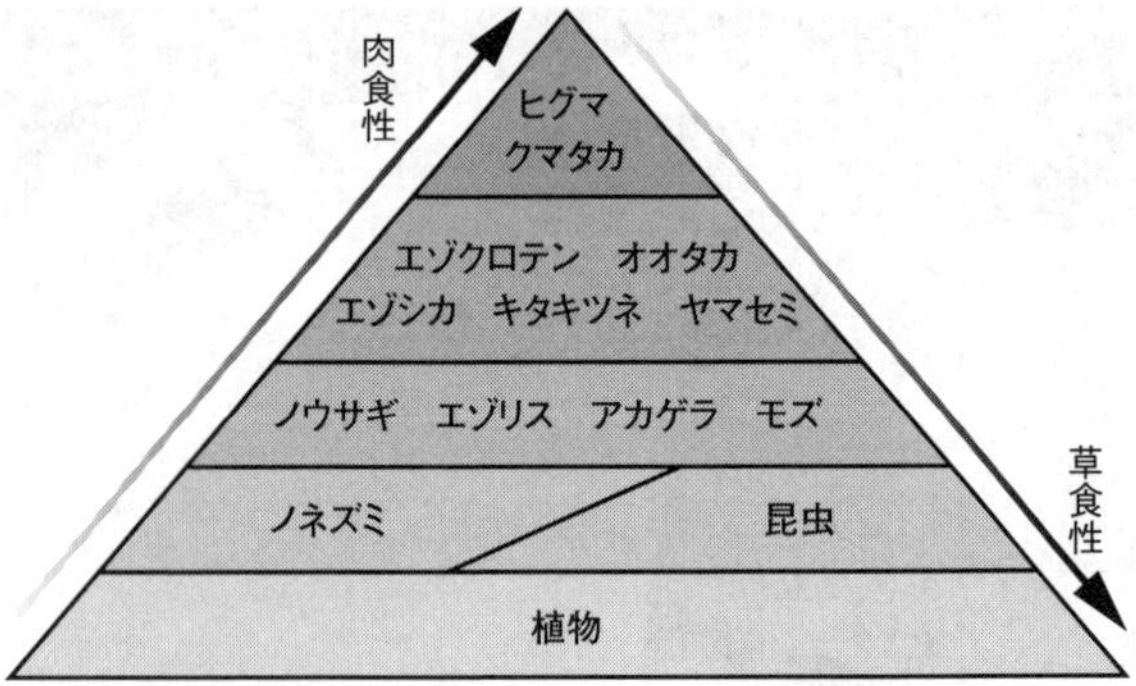
肉食性
ヒグマ
クマタカ
エゾクロテン　オオタカ
エゾシカ　キタキツネ　ヤマセミ
ノウサギ　エゾリス　アカゲラ　モズ
ノネズミ
昆虫
植物
草食性

図1　北海道の生態系（食物連鎖の概要）

きなエゾアカネズミはクルミを食べることができ、両側から掘られた殻が食べ跡である。

エゾリスは日中、私たちに姿を見せてくれることがあるが、夜行性のエゾアカネズミに出会うことはない。しかし、クルミの殻からエゾアカネズミが住んでいることを知ることができるのだ。

ノネズミは旺盛で健全な繁殖力を持っている動物だ。生態学的には「生産力」ともいう。そのため回復力も高い。

ノネズミの数は、場所や年によっても変化する。エサとなる植物や昆虫の量はもちろん、ノネズミ自身も多くなりすぎないように、増えたり減ったりすることでコントロールしているのだろう。

ノネズミは生態系の底辺を支えている（図1）。ノネズミを調べることで、生態系の健全さがわかるのだ。

数の調査と行動の調査

ノネズミの行動圏は、エサの条件に適した数が生息することで成立している。だとしたら、どのくらいの行動圏があるかによって、ノネズミの数を予想することができるはずだ。

ではノネズミ調査とは具体的にどんなことをするのか。基本はワナを使った捕獲調査による行動圏調査と個体数調査である。

ノネズミは夜行性で、地表を動き回る動物のため、日中に目にすることはほとんどない。直接見ることができない動物には、ワナを仕掛けて捕まえることになる。行動圏調査には「箱ワナ」を、個体数調査には「はじきワナ」を使う。

箱ワナは生け捕りを目的にしたもので、一般には「シャーマントラップ」(図3)という。これに対してはじきワナは捕殺（殺して捕まえる）するもので、「パンチュートラップ」(図4) というのが一般的だ。

エサには、シャーマントラップはヒマワリの種子やえん麦を、パンチュートラップは生ピーナッツを使う。

両調査ともワナの掛け方が同じで、10m間隔の5列10行（図2）、あるいは10列10行の碁盤の交点にワナを1個、計50個もしくは１００個置く。ワナが１００個の場合、一辺が１００ｍの正方形。つまり１haの調査地となる。

　これらのワナを、ノネズミの活動する夜をめがけて前日の夕方までに仕掛け、夜明け後、あまり日の高くならない前に見回ることになる。こんなときこそ、人目を避けて暮らすノネズミたちの生活の息吹を間近に感じる。

　話は変わるが、雪解けの頃、草・木の芽吹きが始まる前、野原や見通しの利く林床に、筋状あるいは網の目のような土の盛り上がりを見かけることがある。触ってみると、枯れ草や落ち葉が柔らかに崩れて、空洞になっていたことがわかる。そこは雪の下のトンネル跡、ノネズミの冬の生活空間だったのだ。

　ノネズミは冬眠しない。冬の間、春から秋に比べて少なくなった餌を何とか見つけながら、雪解け後の繁殖活動に備えている。

　雪の下、草原や林床の腐植層に巧みに掘られたトンネルはノネズミたちの生命線なのだろうが、春先に見る土の盛り上がりは、何となく穏やかな暖かさを感じる。

　長かった冬が過ぎ新緑の季節になっても芽吹かない樹木がある。よく見ると枝や幹に削り跡があり、新芽が枯れたりなくなっている。

　高いところの新芽がなくなり太い枝や幹の皮が剥ぎ取られているのはエゾシカ、少し低いところの新芽をナイフですぱっと切り取ったような跡はノウサギ（エゾユキウサギ）の

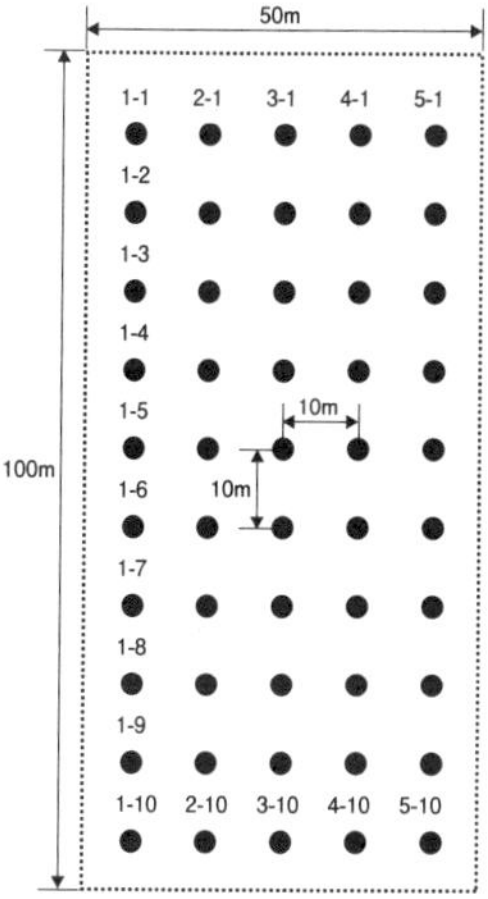
(5列10行の例)
●…ワナ位置
50m
100m
1-1
2-1
3-1
4-1
5-1
1-2
1-3
1-4
1-5
1-6
1-7
1-8
1-9
1-10
2-10
3-10
4-10
5-10
10m
10m

図2　ワナ配置模式図

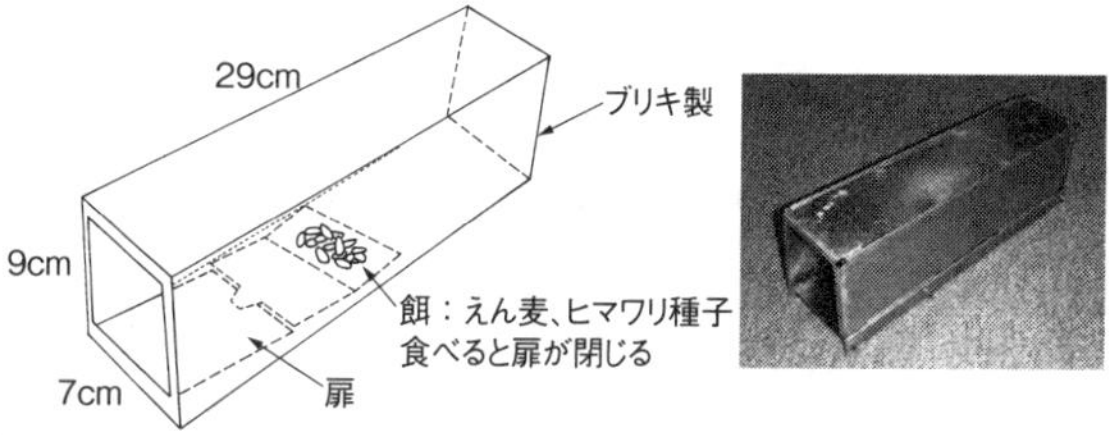
29cm
ブリキ製
9cm
7cm
餌：えん麦、ヒマワリ種子
食べると扉が閉じる
扉

図3　シャーマントラップ

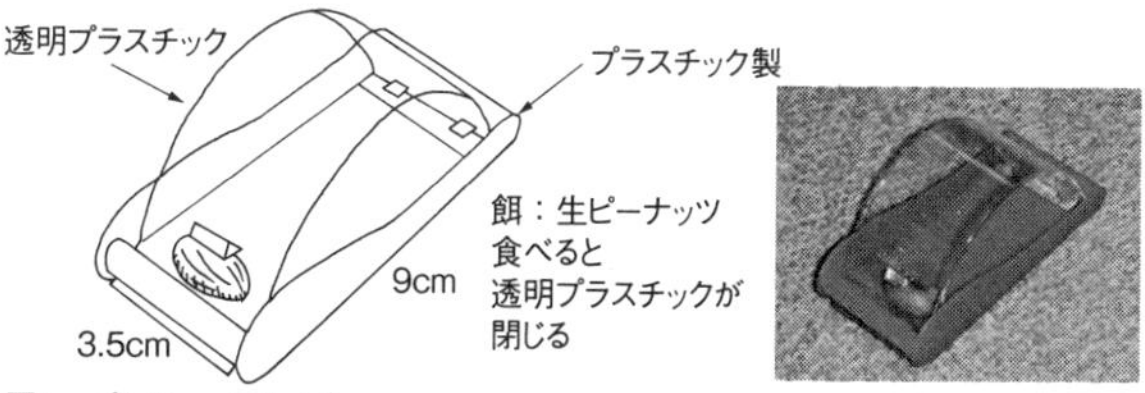
透明プラスチック
プラスチック製
餌：生ピーナッツ
食べると
透明プラスチックが
閉じる
9cm
3.5cm

図4　パンチュートラップ

食べ跡だ。そして、根元の幹を小さなノミで刻んだような跡はノネズミである。

厳寒の冬、人間がめったに足を運ばない森の中で、動物たちの生き延びるためのさまざまな生活が繰り広げられている。

さて、個体数調査と行動圏調査では、見回りの作業が異なってくる。捕まえたノネズミの種類と雌雄を記録して、重さを量るところまでは2つの調査とも共通しているが、個体数調査では捕まえたノネズミはすでに死んでいるのに対して、行動圏調査では生きている。

ノネズミが動いていない個体数調査では、体重のほかに全長、尾長、後足長などを正確に計測する。一方、ノネズミが生きている行動圏調査では、せっかく捕らえたノネズミなのに、目印を付けて逃がしてやる。次の日以降に、目印の付いたノネ

写真3　雪原に残るノネズミの足跡

ズミが再びワナにかかったら、おおよその行動範囲を知ることができるのだ。

この2つの調査法とも、ワナを設置してからの見回りを5日間ほど繰り返す。個体数調査では、初日に捕獲数が最も多く、2日目以降に減っていくことが多い。この傾向を統計的に分析して、生息数を算出することができる。その数値が1haあたりの生息密度となる。

行動圏調査では、捕まえては放すことを繰り返すことで、捕獲地点のデータが蓄積される。同じネズミが3カ所以上で捕らえられると、捕らえられた地点を線で結んだ多角形ができる。これがそのノネズミの行動圏を推定する手がかりとなる。

林業では、植林したばかりの若い樹木がノネズミのエサとして狙われやすいので、個体数調査を基にして殺鼠剤の散布量を調整している。ノネズミ調査の技術が活用されている事例のひとつだ。

ノネズミの行動圏

最近、自宅の近く、札幌市内の住宅街周辺でパンチュートラップを仕掛ける機会があった（図5）。

私は、北海道のいろいろな地域や環境で、ノネズミ調査を行った経験を持っている。ノネズミの調査を行うとき、対象となる地域がどんな環境か、ワナを仕掛ける場所がどんな植生かなどによって、出会えるノネズミの種類はだいたい予想ができる。予想がつかないのは、どれくらい捕れるかである。

そんな私であっても、普段住み慣れている自宅近くで捕獲するのは初めてだ。どんな種類が捕れるか、期待と不安はあった。

初めに選んだ広葉樹の林では、予想どおりヒメネズミが捕れた。次にエゾヤチネズミを狙って小河川沿いのヨシ原にワナを掛けたが、期待に反して何も捕れなかった。もう少し広めのササ地と斜面際の雑草地にも掛けたが、ここでも捕れなかった。

エゾヤチネズミは北海道で最も生息数の多いノネズミとされている。実際に、私が経験した環境調査でも、最も捕獲数の多い種類だった。そのエゾヤチネズミが私の生活圏では見つからなかった。地表で暮らし夜に活動する控え目なノネズミから、何かメッセージが発せられているのかもしれない。

少しがっかりして調査結果をまとめながら、調査地点を記入した2万5000分の1の地形図を見ていて、気づくことがあった。

ワナを仕掛けているときには、エゾヤチネズミの捕れそうな環境だと目に映っていた最初の地点（図5①）が、地形図で見ると「線」のような場所なのだ。次の地点（図5②）

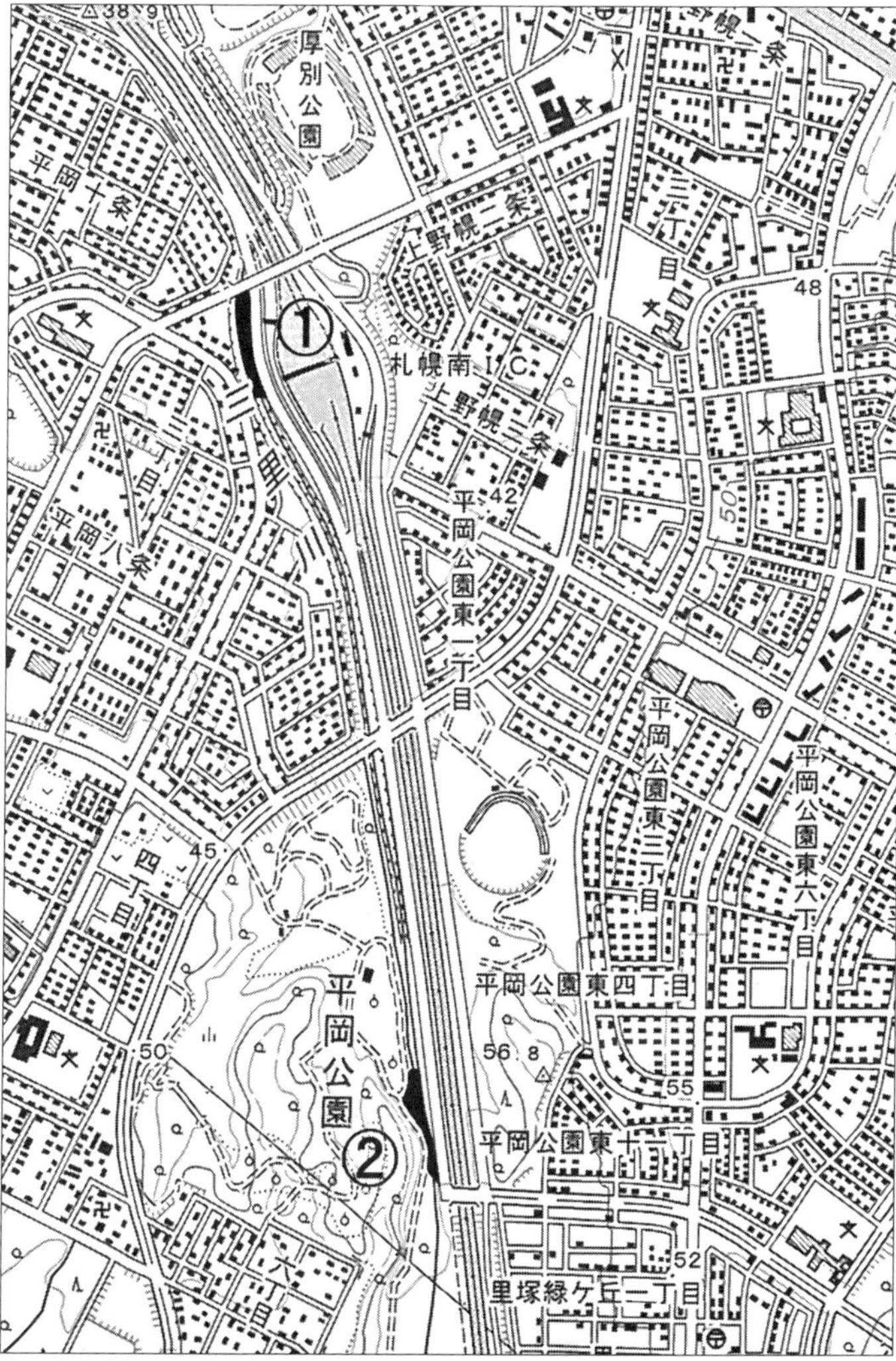

図5　自宅近くのノネズミ調査地点（国土地理院1/25000地形図「札幌東部」平成18年）
① 最初にワナを仕掛けた地点（地形図で見ると「線」のような場所）
② 次にワナを仕掛けた地点（少し「幅」があるものの「線」のような場所）

も最初より少し「幅」があるものの、すぐ隣には住宅地や整備された公園が連なっている、やはり「線」のような場所だった。

エゾヤチネズミが普通に生息するためには、直径で30～40ｍ程度の区域が必要という報告がある。

この区域の中でエゾヤチネズミは繁殖して出産。親ぐらいの大きさに育った若いネズミは巣立ち～子別れの時期を迎え、この区域を旅立っていく。このことを生態学的には「分散」という。そして、年齢を重ねた親ネズミが繁殖できなくなったり、死期を迎えると、若いネズミがそれと入れ代わるように行動圏の主となる。このことを「侵入」という。

ノネズミが代をつないで生息していくためには、直径30～40ｍの行動圏だけでは足りず、その周囲に分散や侵入の場となる「面」の広がりが必要なのだ。

住宅地、学校、商業施設などが軒を連ねる市街地に野生生物の少ないことを常識として知っていても、「なぜ動物がいないのか」と深く考えることはない。エゾヤチネズミが捕れなかったことをきっかけに、生息するための適度の広さ、言い替えると必要な面積という基本的なことをあらためて教えられた気がする。

かつてノネズミ調査は、１００個ものワナを設置する大規模なものだった。ところが、最近は、５～10ｍ間隔で線状に20～30個のワナを設置する簡易な調査になってきている。

それとともに私は調査地の広さをあまり意識しなくなっていたようだ。

ノネズミ調査の意味

最近ノネズミの調査が行われなくなった。行ったとしてもトラップの数を減らして簡易的に行うことがほとんどだ。

絶滅が危惧されている動植物を記録したレッドデータブックが整備され、見直しを繰り返すことにより、その内容が知られるようになった。それにともない環境調査は絶滅の恐れのある野生動植物を主な調査対象にして、その保全を第一の目標にするようになった。

その頃からである、貴重種に該当しないノネズミの調査が簡素化されたのは。

通常の調査で見つかるノネズミが〝貴重な〟という評価をされることはまずない。種類がわかるとそこの調査は終わりである。

それでも、ノネズミは、生態系の底辺を支えている動物である。ノネズミの生息密度や行動圏を調べることは、彼らの日常生活を調べることだ。そしてノネズミの日常生活が当たり前に営まれていることは、その場所の健全さの証ではないか。

私たちコンサルタントエンジニアは、良質な社会資本の整備、そして自然環境の保全という付加価値のある整備のために、環境調査を行っている。その使命に変わりはない。生態系の上位に位置し、生息状況の危うい貴重種を調べることは、まず自然環境の保全の観点から重要である。それとともに、生態系の底辺がどうなっているかを調べることも重要ではないのか。生態系の上位を含めた自然環境をどのように保全するかを考える上で、生態系の底辺を調べておくことは欠かせないはずである。

平成22年（2010年）の秋に、名古屋で「生物多様性条約第10回締約国会議」（COP10）が開催された。締約国179カ国、約1万3000人以上が参加し、生物多様性の保全、生物資源の持続可能な利用、遺伝資源の利用と利益配分などに関する議論がなされ、最終日に何とか合意に達したと報道されている。

「生物多様性」という言葉は、COP10を通じて聞き慣れてきたものの、それに私たちがどう取り組むかは、なかなか捉えどころのないテーマだ。地球温暖化の問題と同様に、一人ひとりの行動がイメージできないのではないだろうか。しかし、「生物」を「動物と植物」、「多様性」を「いろんな種類」と噛み砕くと、「生物多様性」も案外身近な気がする。

私は環境調査を通じて、ノネズミをはじめとするいろいろな種類の動物や植物に触れてきた。環境調査は特定の事業のために実施され、その目的は事業ごとに異なるが、自然の仕組みを知るという点で共通している。
今、人と自然とのかかわり方が少しおかしいとだれもが気づき始めている。私たちは、自然の仕組みから、人間と自然とのかかわり方を知ることができる。そのことは、生物多様性に私たちがどう取り組むかのヒントになる気がする。

［参考文献］藤巻裕蔵「ノネズミ調査法解説シリーズ②——わなの配置とわなかけ——」（野ねずみNo.116・1973年7月）／沼田真編「草地調査法ハンドブック」（東海大学出版会・1978年1月）／草野忠治他編「応用動物学実験法」（全国農村教育協会・1991年10月）

I-4

マントルからの使者。蛇紋岩《じゃもんがん》の恵み

山崎 淳

私たちコンサルタントエンジニアが構造物の設計で
特に注意する地質のひとつに「蛇紋岩」という岩石が分布する地質がある。
蛇紋岩は、すべりやすく、壊れやすい岩石で、
トンネル工事などをとても難しくさせる。
そんな厄介者の蛇紋岩だが、少なくない恵みを私たちにもたらしてくれている。
蛇紋岩とはどのようなものなのか?
なぜ、注意しなければならないのか。
はたして蛇紋岩は邪魔なだけの岩石なのか。
そんな問いかけから、知られることの少ない蛇紋岩の世界を案内しよう。

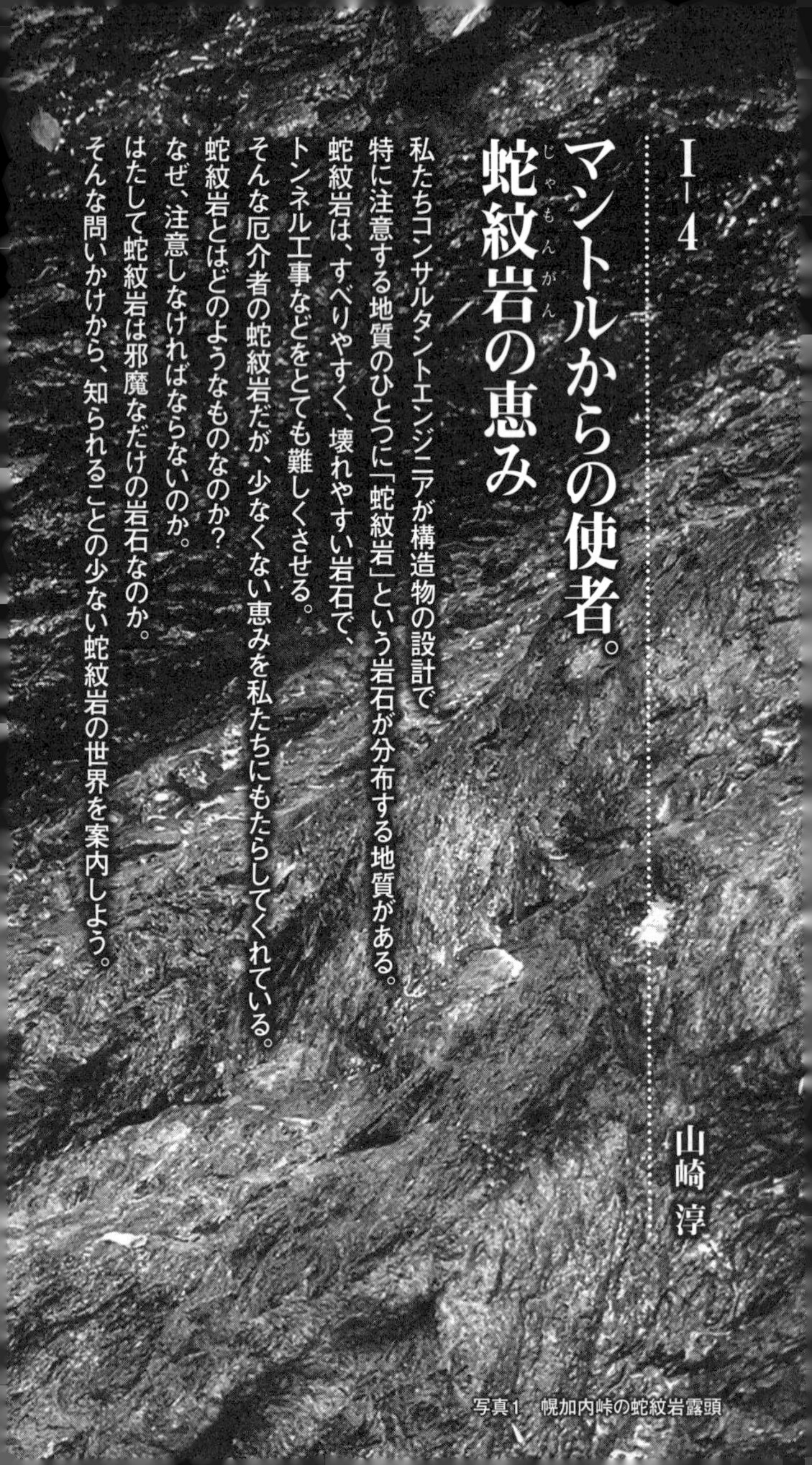

写真1　幌加内峠の蛇紋岩露頭

3
2
1
ACE
FSD

マントル由来の名門

地球の内部は、卵のように黄身にあたる「核」、白身にあたる「マントル」、殻《から》に当たる「地殻」からなっている。さらにマントルは、「上部マントル」と「下部マントル」に分かれている。

蛇紋岩は、もともと上部マントルをつくっていた「かんらん岩」という特殊な岩石が「蛇紋岩化作用」を受けて誕生したものだ。

蛇紋岩の元となった「かんらん岩」が、数10℃～数１００℃という温度で水とともに長時間存在すると、かんらん岩の中の「かんらん石」や「輝石《きせき》」などの鉱物が、「蛇紋石」や「滑石《かっせき》」「ブルース石」などの鉱物に変わる。これを蛇紋岩化作用という。

ひとくちに「蛇紋岩化作用」といっても、さまざまな程度のものがある。例えば料理の「しゃぶしゃぶ」のようなものを想像してほしい。生肉をお湯にさらすとき、肉の厚みの違いや湯に通す時間によって火の通り具合が変わり、肉の色味も変わる。蛇紋岩もこれと同じで、蛇紋岩化作用の程度が異なると見た目も硬さも異なる。

かんらん岩は重く硬い岩石だが、蛇紋岩はかんらん岩に比べると軽く、蛇紋岩化作用の程度やその後の地殻変動の影響などによって、もろく軟質になったものも多く見られる。

写真2　蛇紋岩露頭（温根別ダム上流）

かんらん岩をつくっている主な鉱物であるかんらん石は「olivine」という英名からもわかるようにオリーブ色をした大変美しい鉱物である。ペリドットといった方がなじみ深いかもしれない。ペリドットは8月の誕生石になっている宝石だ。

このように、蛇紋岩は地球内部のマントルに由来する由緒正しい〝名家〟の出身なのだ。

蛇紋岩は、北海道の中央に南北に細長く分布している（図1）。ここは、蛇紋岩が分布する場所としては日本最大で、地質の区分で「神居《かむい》古《こ》潭帯《たんたい》」とよばれている。神居古潭帯は、マントル物質（かんらん岩〜蛇紋岩）が地上に上がっていく中で、地下深くのさまざまな岩石をブロックとして取り込んでつくられたと考えられている。

神居古潭帯の中でも、夕張岳の「蛇紋岩メランジュ」という地質が国の天然記念物に指定されている。夕張岳の蛇紋岩メランジュとは、蛇紋岩とさまざまな岩石が複雑に混じり合ったもので、夕張岳の美しい姿の裏には、蛇紋岩とその他の岩石が織りなすコントラストが秘められているのだ。

一方、蛇紋岩の元となったかんらん岩は、北海道では様似町のアポイ岳や幌満《ほろまん》地区で観察することができる。

ここはかつての地殻~上部マントルの断面が地殻変動により地表に現れた地域にあたる。地球内部のマントルの子孫を直に観察することができる大変貴重な場所として、ここも世界的に有名な場所なのだ。

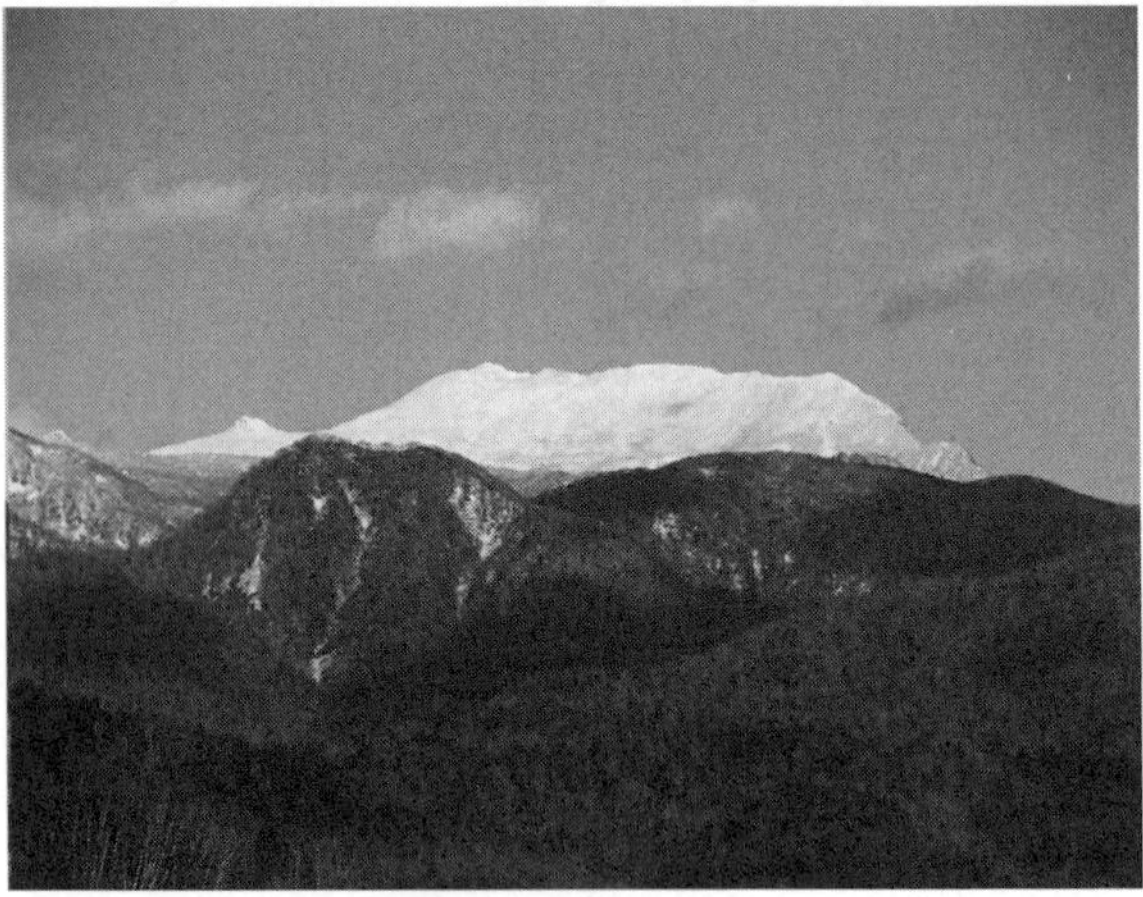

写真3　夕張岳の山容　蛇紋岩メランジュ
蛇紋岩基質中にさまざまな種類の岩石ブロックが点在することにより凸凹とした山容になっている

壊れやすく、崩れやすく

北海道の蛇紋岩は、北海道中央部に南北に細長く広がっている。このため北海道の東西を結ぶ交通路をつくろうと思えば、蛇紋岩地帯にぶつかりやすい。ところが、この蛇紋岩がある場所の工事はとても難しい。

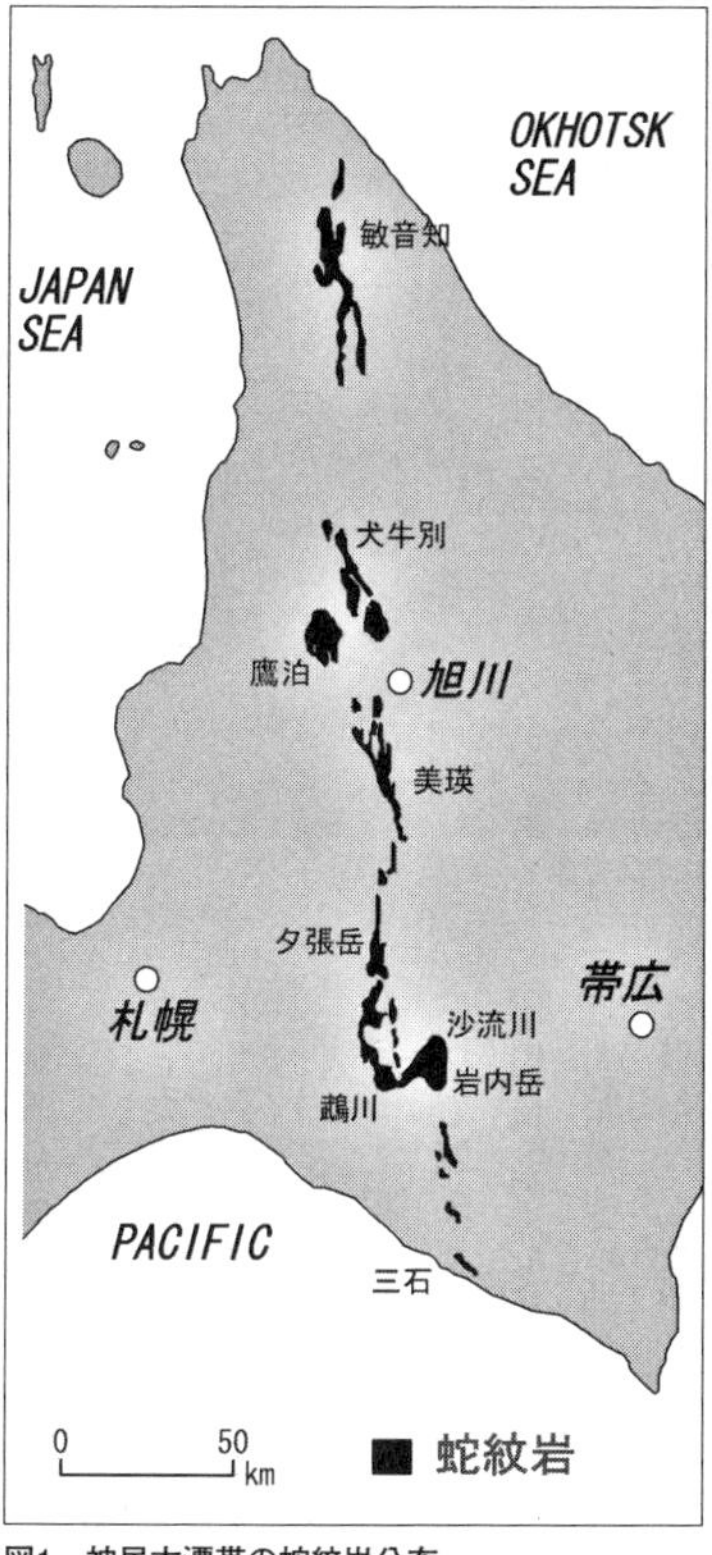

図1　神居古潭帯の蛇紋岩分布
出典：北海道大学総合博物館展示説明パンフレット「北の大地が大洋と出会うところ―アイランド・アーク―の地球科学」

写真4　アポイ岳におけるかんらん岩の露頭

蛇紋岩が工事を難しくする主な理由は2つある。ひとつはトンネル工事での「膨張性の地圧」である。蛇紋岩のある場所では、トンネルを押しつぶそうとする力が強く働くのだ。

このことは、日高地方でクロムの採掘が盛んだった戦前、鉱山の坑道が地圧によって塞がれてしまうことで、早くから知られていた。昭和44年（1969年）にレールが結ばれた函館本線の神居トンネルの工事は、蛇紋岩地帯だったため、大変な難工事になったことは有名だ。

蛇紋岩に含まれる「滑石」や「蛇紋石」などの鉱物が割れ目をよりすべりやすくしていることや、蛇紋岩がゆるみやすい性質を持っていることが原因としてあげられている。

かつては大変苦労した蛇紋岩地帯でのトン

ネル工事だが、新工法が開発され、対応が進んでいる。たとえば平成元年（1989年）に竣工した神居古潭峡谷周辺の高速道路のトンネル工事（嵐山トンネル）では、トンネルを掘るとすぐに吹きつけコンクリートとロックボルトで地山を固める「NATM」という新工法が採用され、順調に工事が進んだ。

蛇紋岩が工事を難しくする2つ目の理由は、蛇紋岩が多く含まれると斜面がすべりやすくなる、または不安定になることだ。

下の写真は、鵡《む》川の右岸にある〝大崩れ〟とよばれる崩壊のあった地形だ。崩壊の始まった場所から崩れ落ちて積み重なった堆積物の先までの高さは320mにも達する。一方、蛇紋岩地域での地すべりの例では、音威子府の「茨内《ばらうち》地すべり」などが知られている。

写真5　鵡川右岸の大崩れ

神居古潭帯にある蛇紋岩地域では、20～30％が地すべり・崩壊地形になっているとの報告もある。蛇紋岩地域では、自然の状態でも、高い割合で地すべりや崩壊がおきている。蛇紋岩が広がる地域での工事は一層の注意が必要だ。

鉄と宝石

このように紹介していくと、蛇紋岩は私たちにとって邪魔ものと思われるかもしれない。ところが私たちは、過去から現在に至るまで、多くの恵みを蛇紋岩から受けているのだ。北海道を長く支え続けてきている産業のひとつに室蘭の製鉄業がある。蛇紋岩やかんらん岩は鉄をつくるのになくてはならない原料なのだ。

工業製品としての鉄は、鉄鉱石を熱で溶かすだけでは不純物が多く、製品にならない。ここで登場するのが蛇紋岩やかんらん岩だ。これらを製鉄所では「高炉用造滓剤《こうろようぞうさいざい》」とよび、鉄鉱石からスラグとよばれる不純物を取り除くために用いている。

この高炉用造滓剤、北海道ではアポイ岳のある様似町幌満や日高町岩内岳のものが使われている。日本ではこの2カ所のほかは、高知県の日高村で製鉄用に蛇紋岩が採取されているだけだ。室蘭の高炉で使用されているのはもちろん道内産だ。

単結晶の美しいかんらん石をペリドットと言い宝石の仲間に入れると紹介したが、蛇紋岩はどうなのだろう。実は加工すると美しい玉となる蛇紋岩起源の石があるのだ。

古代から中国の人たちは、美しい石を「玉《ぎょく》」とよんで大切にしてきた。日本でも玉を使った首飾りや勾玉《まがたま》などが副葬品として遺跡から出土している。玉は北海道の遺跡からも多数発見されている。これらを分析すると蛇紋岩を源岩としたものも多く、美利河《ぴりか》1遺跡、根室市初田牛《はったうし》遺跡、常呂川河口遺跡などが知られている。

写真6　ペリドット（パキスタン産　新井田清信氏提供）

これらの遺跡から発見された玉を詳しく調べた結果、新潟県の糸魚川市周辺からもたらされた可能性はあるものの、同時に出土した石器の特徴から、海を隔てたロシアの沿海州地域に原産地がある可能性も高まっている。交通手段の未発達なこの時代に、はるか遠くから運ばれてきた玉は、とても貴重なものだったろう。

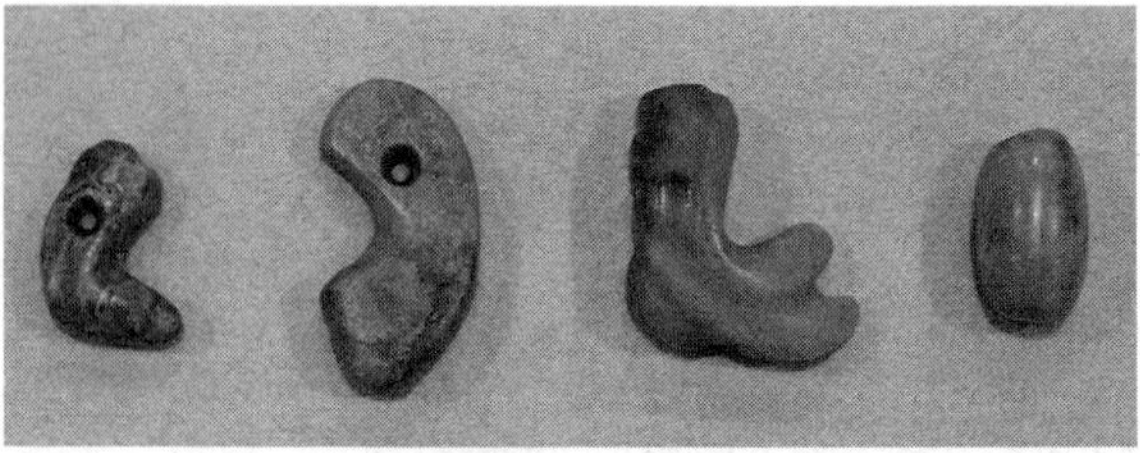

写真7　ヒスイの勾玉・長玉（美沢1遺跡）

玉の中でも王者とよばれるのが「ヒスイ玉」である。実はヒスイ玉も蛇紋岩の恵みによるものなのだ。千歳市の美々《びび》4遺跡など、道内でも各地で発見されているヒスイ玉は、きわめて特殊な条件で生成されるヒスイ輝石という鉱物からできている。

ヒスイ輝石が発見されているのは国内では神居古潭帯分布地域や新潟県の糸魚川市周辺などごく少数の地域のみだ。糸魚川と神居古潭では地質にある共通点がある。それは、どちらも蛇紋岩メランジュが分布する地域ということだ。蛇紋岩メランジュという地質現象により、地球の表面を覆っているプレートとプレートの境目の深部でできた岩石が地表に現れたのだ。

では、北海道で出土したヒスイ玉はどこから来たのだろうか。最近の研究によれば、糸魚川周辺からもたらされたものと考えられている。残念ながら神居古潭帯をはじめ他のヒスイ輝石産出地のものは、加工して玉になるものはない。このほか「日高ヒスイ」とよばれる石からつくられた玉類が、数は少ないものの遺跡の中から出土されているとの報告がある。

「日高ヒスイ」はエメラルドグリーンの美しい鉱物を含む岩石で、日高地域を流れる沙流川支流の千呂露《ちろろ》川周辺で産出されていた。昭和41年の発見以来、取り尽くされてしまったため現在はないが、以前は宝飾品として加工されていた。「日高ヒスイ」は蛇紋岩体の中で見つかるが、「クロム透輝石岩《とうきせきがん》」であるため「ヒスイ」ではない。しかし、その美しさからヒスイの名が付けられている。

古代人が蛇紋岩の恵みを受けたのは玉だけではない。北海道で出土する縄文式土器の中には、〝蛇紋岩粘土〟でつくられたものもあるそうだ。

古代人の暮らしに、蛇紋岩はなくてはならない存在だったのだ。

花園の秘密

先ほど登場した2つの山、夕張岳、アポイ岳は花の名山として全国的に有名だ。どちらにもここでしか見られない固有種や、美しい花を咲かせる高山植物が多く見られる。夕張岳のユウバリソウ、ユウパリコザクラ、シソバキスミレや、アポイ岳のヒダカソウ、エゾコウゾリナ、アポイカンバなどの高山植物群落は、氷河時代の生き残りの植物だという。

なぜ、この2つの山では、氷河時代の生き残りの高山植物群落が見られるのだろうか。

この2つの山に共通するのは、どちらもかんらん岩・蛇紋岩の山だということ。

地質学の世界ではかんらん岩・蛇紋岩を「超苦鉄質岩類《ちょうくてつしつがんるい》」という。この名前から想像できるように、かんらん岩や蛇紋岩は苦土《くど》（マグネシウム）や鉄を多く含む岩石だ。かんらん岩や蛇紋岩が風化してできた土は、植物にとっては過剰に摂取すると有害なマグネシウムや重金属を多く含み、カリウムやカルシウムなどの栄養分も乏しい。

このことが逆に、平地の植物が入り込むことを防いできた。夕張岳の美しい花々は蛇紋岩によって、アポイ岳の美しい花々はかんらん岩によって護られてきたのだ。

夕張岳は「夕張岳の高山植物群落および蛇紋岩メランジュ帯」として国の天然記念物に、アポイ岳は「アポイ岳高山植物群落」として国の特別天然記念物に指定されている。

さらに、平成20年12月、アポイ岳は、地形学的、地質学的に重要な地質遺産であることから「アポイ岳ジオパーク」として日本ジオパーク委員会に認定された。

日本の天然記念物は、「動物」「植物」「地質・鉱物」「天然保護地域」に分けて指定されているが、地質・鉱物の区分では鉱物を除けば火山や温泉、秋芳洞《あきよし》などの観光地が主なものだ。夕張岳のように蛇紋岩が天然記念物になっている例はほかにない。しかも、「メランジュ」という地質専門用語付きの指定だ。さらに夕張岳の「蛇紋岩メランジュ帯」は「日本の地質百選」にも選ばれている。

嫌われ者のイメージの強い蛇紋岩だが、夕張岳の蛇紋岩メランジュの価値の高さを、国は天然記念物に指定することで認めているのだ。

一方、アポイ岳では、残念ながら高山植物だけが天然記念物に指定されているが、その恵みを産み出しているかんらん岩は、ジオパークに認定されていることで、重要性が認められている。けっして蛇紋岩に負けていない。

CO_2を地下にためる

現在、地球温暖化対策が世界的な課題になっている。地球温暖化の原因のひとつに、大気中の二酸化炭素（CO_2）の増加があるとされている。そんな中、CO_2の地中貯留技術という技術が注目されている。これに蛇紋岩が重要な役割を果たしている。

CO_2の地中貯留技術とは、工場などCO_2を多く発生する場所から直接パイプラインでCO_2を運び、圧力をかけて地中に封じ込める技術で、CO_2を封じ込める場所として蛇紋岩が優れているというのだ。

マグネシウムや鉄に富む蛇紋岩地帯を流れる地下水はアルカリ性を示す。地下水を多く含んだ蛇紋岩の地盤にCO_2を圧力をかけて送り込むと、アルカリの中和反応により「炭酸塩鉱物」が生まれる。一度、炭酸塩鉱物となってしまえば、化学的に安定した状態となるため、地上に漏れ出す危険も少ないのだ。

この技術の実用化に向け、平成16年から18年にかけて、岩内岳の蛇紋岩体で、財団法人地球環境産業技術開発機構が実証実験を行った。実験の結果、国内の蛇紋岩体では10億トン以上のCO_2を圧入可能であることが試算された。

地球の奥底から私たちのもとにやってきた蛇紋岩。技術の発達は、もっと多くの恵みを蛇紋岩から引き出してくれるかもしれない。

【参考文献】北海道大学総合博物館「北の大地が大洋と出会うところ―アイランド・アーク―の地球科学」（２００２年３月）／野地正保「蛇紋岩と土木工事」（土木試験所月報・１９７８年８月・１９８１年11月）／岡村聡・加藤孝幸・寺崎康史「今金町美利河１遺跡から出土した玉類の石質と起源」（北海道考古学・２００３年）／岡村聡・菅原いよ・加藤孝幸・加藤欣也・立田理「根室市初田牛および常呂川河口遺跡から出土する玉類の石質と起源」（北海道教育大学紀要・２００８年８月）

II

土地の履歴をひもとく

1　山アテ道路。北海道の直線道路ミステリー　畑山　義人

2　土を診《み》る。特殊土壌に覆われた北海道　高橋　正州

3　治水百年。100㎞短くなった石狩川　向井　直樹

4　川のお医者さん奮闘記。健康な流れを取り戻す最先端の土木技術　堀岡　和晃

Ⅱ−1

山アテ道路。北海道の直線道路ミステリー

畑山 義人

広くて、まっすぐで、美しい北の道——。
北海道を訪れた人々が口を揃えていう感想だ。
その客人に対して
「広いのは積雪寒冷地として必要な路側帯を確保しているから、
まっすぐなのは障害物が少ないから、
美しいのは人工物が少なくて自然の姿が風景の主役だから…」
などと味も素っ気もなく説明してはいけない。
実は、北の道にはミステリアスな事象が隠されていて、
それを伝えておけばドライブの楽しみが倍加するかもしれないのだ。
それは、自然現象と先輩技術者の知恵が織り成す物語。
道内の道を走り続けて謎解きに挑戦した成果をご紹介。

写真1　国道276号と羊蹄山（喜茂別町相川）

まっすぐな北の道

北海道にはまっすぐな道がたくさんある。札幌をはじめ北海道の街の多くは格子状道路で区画されており、郊外にも直線道路が延びている。

その理由は簡単だ。道路はまっすぐにつくる方がたやすく、土地を区画するにも便利であり、しかも当時は家も畑もほとんどなかったため、多少の起伏や川の存在を無視すれば将来の道路用地を直線に計画できたというわけだ。

北海道の道路や街路は札幌本府の建設（明治2年（1869年）着手）、屯田兵村の建設（明治8年創設）、本格的な殖民地選定事業（明治19年着手）を経て、ごく短期間に設定された。

本州には遥か昔の「踏み分け道」から少しずつ発達してきた道が多い。つまり、最初は人が徒歩で往来するだけだったのが馬を通し、荷馬車を通すようになって、しだいに道幅を拡げ、勾配も緩く改良し続けてきた道である。

しかし、北海道では違う。明治に入ってから、それまでほとんど手付かずの原野だったところに政府によって計画的に道がつくられ、その後人々を殖民区域に入植させるという政策が採られた。

写真2　38号道路（十勝中部広域農道）とペンケヌーシ岳（中札内村）

つまり、「道」が先、「人」が後だった。しかも、道の建設が始まった明治時代はすでに馬車が通行できる広く丈夫な道が求められていたので、北海道では最初から規格の高い道路、すなわち当時としては広幅員で、勾配のゆるやかな道路が計画されたのである。

ついでに北海道の道が広い理由を説明すると、冬期交通を確保する目的で、堆雪スペースとなる路肩あるいは歩道を広く取っているためである。昭和31年（1956年）の雪寒法の制定以来、寒冷地の道路交通のあり方が研究されてきた結果だ。

北の道に隠されたミステリー

さて、こうした成立過程を経てきた北海道の直線道路には、他の地域ではなかなか見られないユニークな現象が2つある。

ひとつは、進行方向の先に山が見える直線道路が多いこと（写真2、3）。羊蹄山のような著名な山に向かう道もあるが、地域の小さな山に向かう道も多い。なぜだろうか。

もうひとつは、都市の方位軸が傾いていること。山鼻《やまはな》（札幌南部）、生振《おやふる》（石狩）、新篠津、芦別、沼田、秩父別、雨竜、北見、帯広、音更、池田。これらの街は格子で区切られ、東西南北の道路軸線に沿って北○条西△丁目というような住所表示が用いられている。

だが、その軸線は方位にぴったり一致していないばかりか、すべて反時計回りに同じような角度だけ（正確にいうと真北の4・5〜6・5度西方向に）偏っている（図1）。なぜだろうか。

以上のことに気がついた10年ほど前、誰の目にも明らかな現象だから、北海道の道路史などの研究にこれらの解答があるだろうと思っていた。

しかし、社内の道路景観を研究する仲間（通称ドーコン山アテ探偵団）が協力して調べても、まったく関連する記述に出会わない。そうこうしているうちに、山にぶつかる道路は北海道内に40本以上見つかった。

古来より本州には、富士山や筑波山の山頂を目指すように延びる参道や坂道があり、その手法を「山アテ」とよぶということは知っていた。山でなくとも、街路を五重塔や国会議事堂などの著名な建造物にアテるという手法は国の

写真3　アップダウンしながら海別岳に向って延びる24kmの直線道路
（国道334号と道道827号、小清水町・清里町・斜里町）

図1　帯広・音更付近の方位基線

「基線」「一線」という表示のある道路の多くは、軸が正しい方位に対して反時計回りに約5度偏っていて、しかも微妙に角度が異なっている。違う年代にコンパス（方位磁石）を使って道路軸を定めたからだろう。なお、豊田基線の根拠はまだわかっていない（出典:「北海道の直線道路」平成16年土木学会景観・デザイン研究発表会）

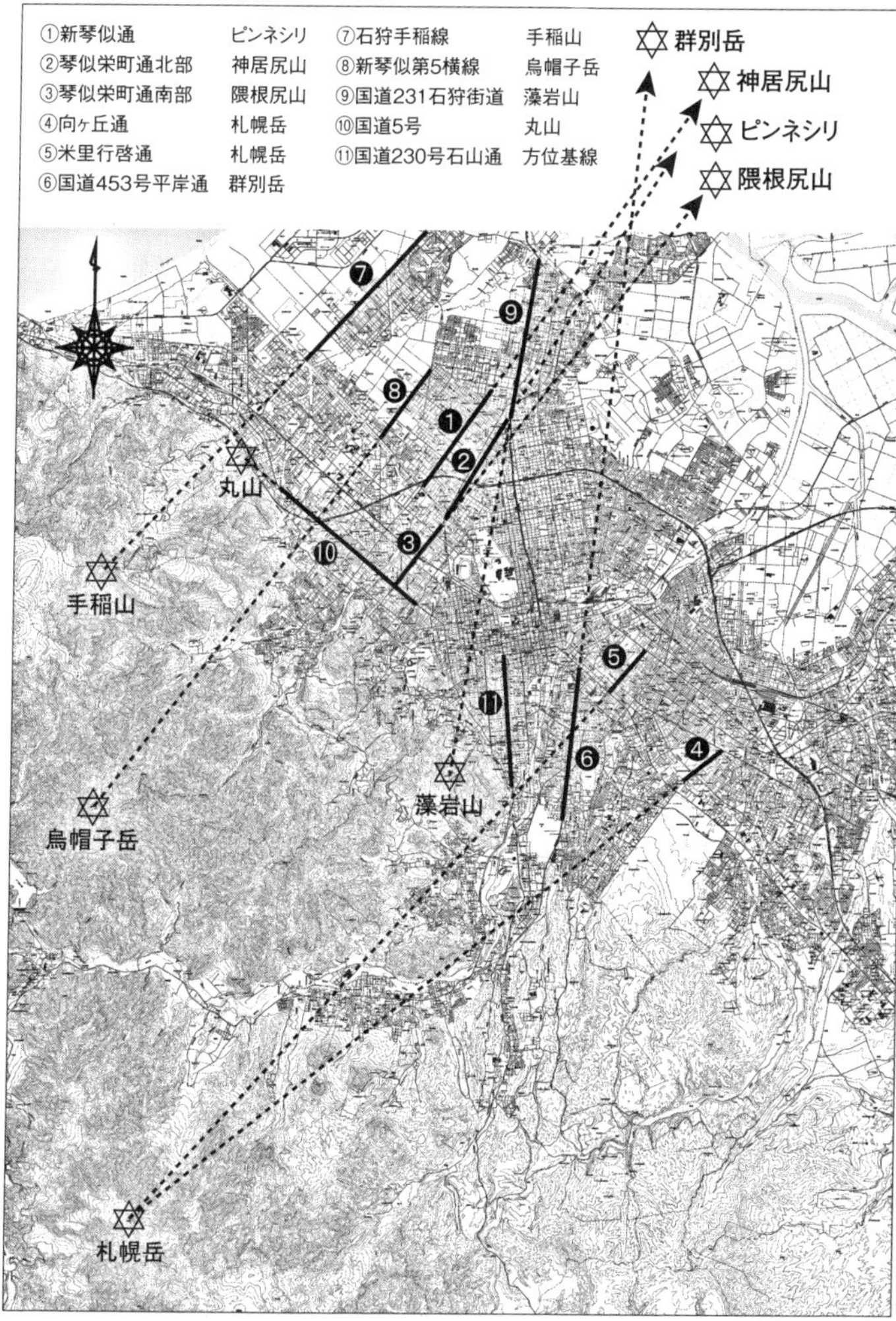
①新琴似通　ピンネシリ
②琴似栄町通北部　神居尻山
③琴似栄町通南部　隈根尻山
④向ヶ丘通　札幌岳
⑤米里行啓通　札幌岳
⑥国道453号平岸通　群別岳
⑦石狩手稲線　手稲山
⑧新琴似第5横線　烏帽子岳
⑨国道231石狩街道　藻岩山
⑩国道5号　丸山
⑪国道230号石山通　方位基線
群別岳
神居尻山
ピンネシリ
隈根尻山
丸山
手稲山
烏帽子岳
藻岩山
札幌岳

図2　札幌の山アテ道路

札幌周辺の古い道路には山アテ道路と方位基線が多い。琴似屯田(明治8年)の軸③と新琴似屯田(明治20年)の軸①②は山アテ、山鼻屯田(明治9年)の軸⑪は約5度傾いた方位基線ではないかと思われる(調査継続中)。なお、札幌の中心市街地の都市軸は約10度傾いているが、札幌農学校の教師であったブルックスによれば、これは基線となった大友堀の建設時に、大友亀太郎が磁気偏角の補正の方向を間違えたためであるという(出典:「北海道の山アテ道路」平成16年土木学会景観・デザイン研究発表会)

内外で数多く見られる。札幌でも赤レンガの北海道庁旧本庁舎は北3条通と西6丁目通の交点に鎮座し、印象深い都市景観を創っている。しかし、なぜ地域の小さな山に対してアテるのだろうか。

当時の測量事情

私は、その理由は当時の測量事情と密接な関係があると考えるに至った。各地の街並みの基本となる格子（Grid pattern）を定義するにあたり、先人たちは最初に殖民区域の形状を見定めて最も適した軸を選定した。それは「基線」あるいは「一線」「零号」という名前で今も道内各地に地名や道路名として残っている。

それらを注意深く調べてみると、なかにはその軸を地域のランドマークや三角点にアテたり、南北あるいは東西方向に向けたものが数多く存在することがわかってきた。例えば、ランドマークにアテた例としては写真3の国道334号（美斜線とよばれる直線道路）で、これは地域の独立峰である海別岳《うなべつだけ》に向かって約24㎞も延びている。

開拓使が本格的な三角測量を開始したのは明治6年からだが、北海道に三角山、三角点通、測量山、設計山などの測量に因んだ地名が多いのは、測量隊の活動が開拓に先行して

写真4　三角山にある一等三角点「琴似山」
中央の山は三等三角点のある藻岩山（札幌市）

いたからだろう。その三角点そのものにアテた例には石狩街道の基線、長沼の基線などがある。また、図1の帯広〜音更付近には南北基線・東西基線がいくつか定義されている。

山に向かって一直線に伸びる「山アテ道路」や、東西南北と条丁目の呼称でわかりやすい街区はこうして誕生したのである。

ただし、基線を南北に合わせる際にはコンパス測量に拠って磁北を求め、その場その場で座標を定めたため、各地の南北軸は当時の磁気偏角分だけ傾いている。磁気偏角というのは磁石が示す方位（磁北）と真北とのズレであり、地域によって異なり、日本では年々偏角が増大する傾向にある。

例えば北海道南部の札幌山鼻地区の街区が西に5・5度ずれ、東部の北見では西に4・5度ずれているのは、基線を定めた当時、その地方の偏角をそのまま反映した結果なのだろう。大正12年（1923年）の磁気偏角は図3のようであった。ちなみに、現在の札幌での磁北は約9・5度ずれており、120年間で4度ずれが増大している。

明治の技術者にもこうした知識はあったはずだ。天体測量を入念に行えば、真北を見出すことができたはずなのに、なぜズレのあるコンパスを用いたのだろうか。当時の道路技術者になったつもりで、原野に立っている姿を想像してみよう。

原生林が生い茂り、見通しはまったく利かない。精密な測量機械は非常に高価な輸入品で数が足りない（国産のトランシットが登場したのは明治34年）。また、北海道全土の座標系がまだ確立しておらず、原生林を広く切り拓いて隣り合う地区との関連付けを行ったり、天体観測を行って方位を精密に求めるには、多大な労力を要する。

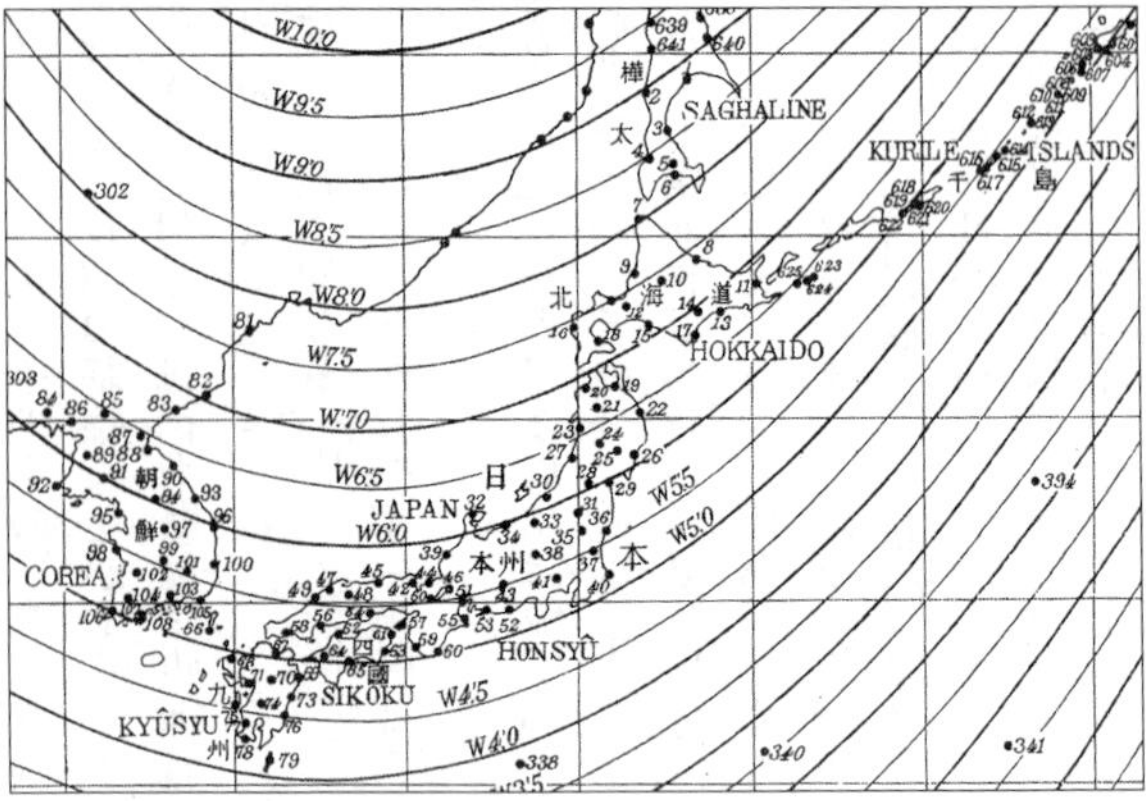

図3　大正12年の磁気偏角図
明治20年頃はこれより2度程度小さかった(出典:林猛雄著「測量学」昭和13年)

写真5　測点の上には覘標（てんぴょう）が設けられた（陸地測量部写真帖より）

写真6　明治の測量風景
伐開して見通し線を確保するまでが重労働だった（北大附属図書館北方DB）

そんな状況で、もしあなたが「道を速成せよ」と命じられたら、きっと山にアテたり、コンパスを使って、その場その場で座標を定義し、間に合わせながら原生林を拓くだろう。

このように、北海道の山アテ道路は、ほとんどが山を測量の視準点として使った結果誕生したものではないかと思われる。

その証拠に、運河、捷水路、排水路などの人工河川や鉄道にも山にアテているものがある（写真7、8）。また、函館のように、先に人が住み、後から道ができた地方には山アテ道路が見当たらない。

明治・大正期の路線選定に関する文献に山アテのことがまったく記述されていないのは、開拓使によって三角測量が開始されて以来、山頂に三角点が置かれ、覘標《てんぴょう》（三角点の位置を遠く

写真7　創成川と藻岩山
人工の河川を北へ延伸する際に、掘った土をすぐ脇に盛って道路を築いた。したがって、その国道231号も藻岩山に当たっている（札幌市）

に示すためのやぐら）を設けるようになったので、山を視準するのは当時の技術者たちにとって文字に記す必要がないほど常識だったのかもしれない。また、北海道特有の泥炭地では地盤ごと側方移動や沈下を起こすため、不動点としての山頂は便利だったのだろう。

百年前の技術者からの贈りもの

改めて山アテ道路の写真を眺めてみよう。

道路には交通機能、街づくりの誘導機能のほかに、空間形成機能がある。道路がまっすぐだと、上空もまっすぐ、大きく拡がり、沿道に展開する建物や林はやがて一点に収束する（この印象深い景観構成をヴィスタ景という）。そのバニシングポイント（焦点）に山がある。

まるで大地に彫刻をしたかのようなこの大きなスケールの「絵になる風景」は「百年前の土木技術者からの贈り物」と言うべきだ。これからつくる道路では求め得ない貴重な土木遺産であり、磨けば光る北海道特有の景観資源であることを再認識したい。

山アテ道路は山頂に雪のある初冬か早春のよく晴れた日に見ることができるのだが、道路を横断する電線や標識、看板が増えるたびに、山アテ道路の見通しは悪化していく。しかし、現代に生きる私たちには、この土木遺産を正しく認識し、保全し、後世に残す責務があるのだ。

(平成16年　土木学会景観・デザイン研究発表会における発表原稿を改稿)

写真8　JR石北本線と紅葉山(北見市留辺蘂町)

Ⅱ−2
土を診《み》る。特殊土壌に覆われた北海道

高橋 正州

人は雑食性の動物であり、農産物＝植物なしでは生きていけない。
肉食動物であっても食べる肉は草食動物の肉だ。
生物の食べ物は直接間接問わず植物に負っている。
植物は大気を呼吸しつつ、太陽エネルギーと土からの養分を吸収して生育する。
私たちが植物を食べるということは、
つきつめると太陽エネルギーと「土」を食べているのと実は同じことなのだ。
命を支える「土」。私たちの生存基盤である「土」。
農業系コンサルタントエンジニアとして見た「土」の世界を紹介しよう。

写真1　斜里町の農村景観（撮影者：森浩義）

北海道の土

北海道の土は全国の土と比べ〝若い〟。

噴火から年月の経っていない火山性土が北海道には非常に多い。また、ほとんど北海道にしかない泥炭土も土として見ると若い。この若さが、日本の食料生産を支える北海道農業の活力になっているのかというと、実はそうではない。

北海道の土壌の多くは、植物が育つ栄養条件に問題のある土や、耕運機が立ち往生してしまうなど農作業を行いにくい「特殊土壌」に分類されていた。昭和40年代にまとめられた資料によれば、農地や牧草地に適すると考えられる「農牧適地」は約３３０万ha。ところが、このうちの約85％が特殊土壌で、普通土壌は約15％にすぎない。

特殊土壌には「火山性土」「泥炭土」「重粘土」などがあり、北海道では火山性土が約40％と最も広く分布している。火山性土は、火山噴火によって火口から噴き上げられたものが堆積した土で、噴火の状態や噴火からの年数によって、軽石を含む粗いものから粒子の細かい粘土質なものまで、さまざまな種類がある。

火山性土は黒くて肥沃に見えるが、粒子の粗いものは養分や有機物が少なく、保水性も劣る。反対に粒子の細かい土であってもリン酸を吸収する力が強く、養分に乏しいやせた

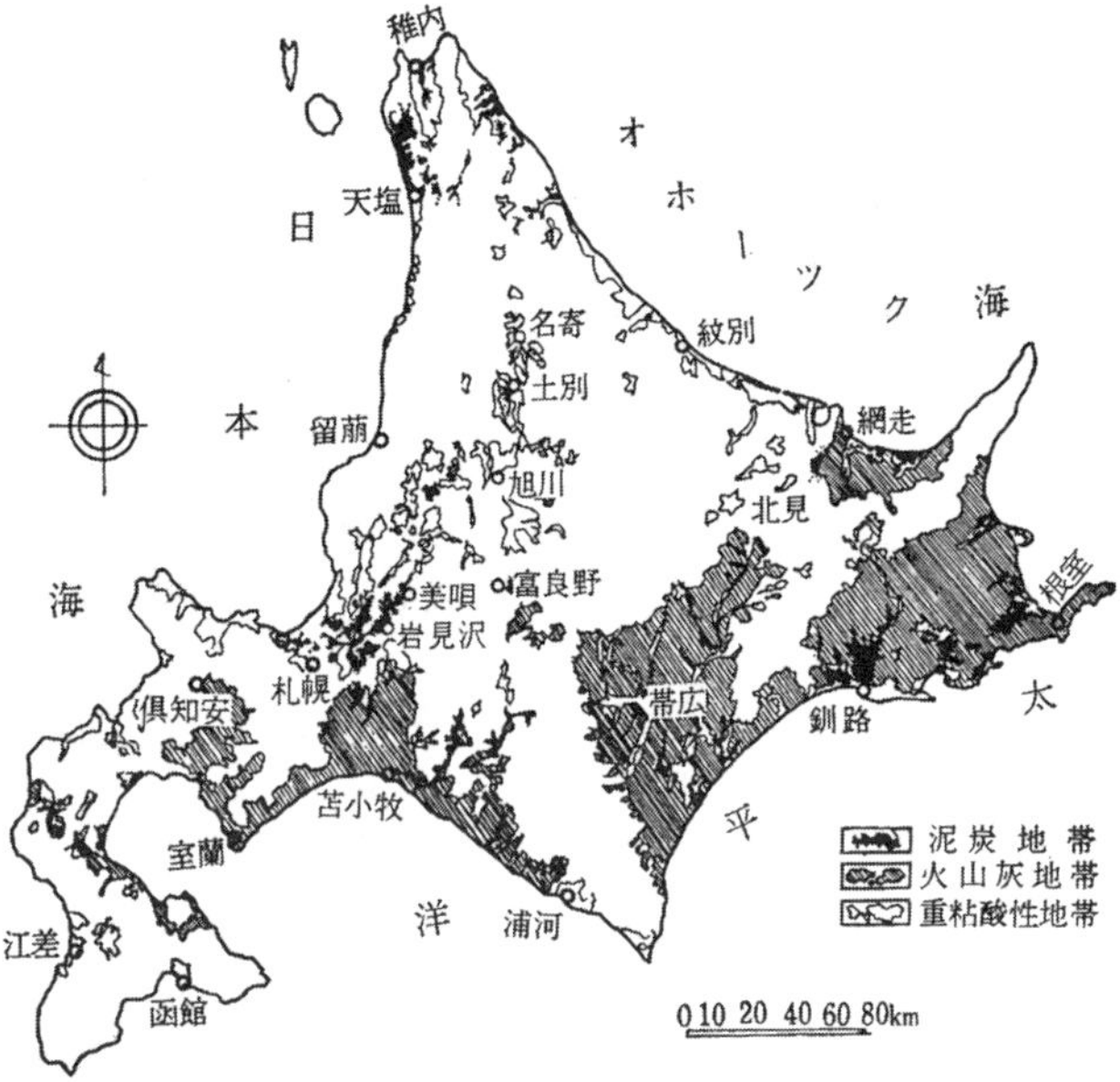

図1　特殊土壌分布図
（出典「北海道農業技術研究史」北海道農業試験場、昭和42年）

土壌になりやすい。これは十勝・釧路・網走地方などに多い。火山性土では、堆肥をまいて土壌有機物を補給する、強い酸性を弱めるため石灰やリン酸を含む肥料を多めにまく、といったことが必要となる。

　火山性土とともに北海道に多い特殊土壌は泥炭土。これは、湿地などに生えた植物が倒れても寒さのため分解が進まず、ほぼそのままの状態で堆積した植物遺体からなる土のことだ。元となった植物の種類などから「低位泥炭土」「中間泥炭土」「高位泥炭土」の3つに分類され、有機物を多く含むた

写真2　広大な十勝の畑作地帯
酸性が強く、栄養分に乏しい火山灰地が、今では国内最大級の食料供給地帯となっている

め酸性が強く乾燥すると大きく縮む。

　栄養的には窒素が多いがカリ（カリウム）が欠乏しているなどの特性をもち、石狩川や天塩川、釧路川が流れる石狩・空知・天塩・宗谷・釧路地方など、北海道の低平地帯に広く分布している。

　ただし、特殊土壌といっても泥炭地はいつも困った存在というわけではない。例えば、泥炭の中でもミズゴケでできているものは土が乾きすぎるのを防いでくれるため、園芸店でも販売されているほどだ。また泥炭からなる湿地・湿原は周辺の気候の変化を緩和してくれるという作用があり、実は自然環境を維持するためには大事な存在でもある。

　泥炭土での圃場づくりは、まずは過剰な水分を抜くことが重要である。泥炭そのものに有機物が多く含まれているので、砂などを混ぜて安定させ、石灰を多めにまいて酸性を弱めてやる。また不足しているカリ成分を含む肥料を多めにまくなどが必要となる。

北海道の農地開発はこうした特殊土壌を克服する歴史だった。泥炭地を開拓するため、明治後期から大正、昭和にかけて石狩川流域の低湿地帯では大規模な排水工事が行われるとともに、泥炭地の表面に砂や石灰を混ぜる土壌改良が粘り強く続けられた。これらの事業によって整備された農地は、今日の北海道農業発展の重要な基礎となったのである。

土はなぜ黒い？

土はどうして黒いのだろうか。土の上には、落

写真3　道北サロベツに広がる牧草地
地下水位が高く軟弱な泥炭地を開拓して、今では国内有数の酪農地帯となっている

ち葉や枯れ枝、死んだ動物の遺体などが積み重なる。積み重なった状態のものを「土壌有機物」といい、微生物の働きでさらに細かく分解される。これを「腐植《ふしょく》」という。腐植はさまざまな有機物などが複雑に絡み合っているため、光を当てたときに黒く見えるのだ。腐植が多く含まれる土ほど黒っぽくなることから、土の黒さは、土の豊かさの物差しにもなっている。

しかし「腐植が多い」からといって「作物がよく育つ」とは限らない。例えば、見渡す限り黒い土が広がっている北海道十勝地方の畑。一見すると肥沃な土に見え、苦労しなくとも作物が育ちそうに思えるかもしれない。

ところが十勝地方の土は、もともと支笏や東大雪などの火山噴火によって降り積もった火山灰が先祖となっており、その上に植物が枯死分解してできた有機物が多く含まれ、地形条件からくる排水の悪さなども

写真4　熟成途中の堆肥
葉や枝などの材料は原形をとどめている

写真5　熟成の進んだ堆肥
材料はほとんど原形をとどめていない。中にはミミズも生息し始めている

関係して黒く見える。

　十勝地方の黒土は、酸性が強く、リン酸を吸収してしまう性格を持っている。植物は弱い酸性から中性を好み、強い酸性を好まない。豊かに見える十勝地方の黒土は、人が手を加えなければ、作物がうまく育たない土地なのだ。

　十勝平野では、長い年月をかけて農家が石灰をまいて酸性を弱める、リン酸を補給するなどの土壌改良を続けてきた。十勝平野が日本有数の食料供給地帯とよばれるようになった陰には、農家の営々とした努力があったことを知ってほしい。

　なお、黒土をつくる土壌有機物は微生物の分解によってできると書いたが、暑い地域ほど土に含まれる土壌有機物の量が少なくなる。実際に沖縄に行くと赤い土を多く目にする。気温の高い沖縄では、微生物の活動も活発なため、有機物の分解がどんどん進み、鉄分が露わになってしまう。サビと同じ理屈で、鉄は空気に触れると酸素と結びつき赤くなる。黒い土と赤い土が混ざると茶色い土になるのだが、沖縄のように気温の高い熱帯地方などは、赤い土が広く分布している。

ところで、北海道にも赤い土が分布しているところがある。上川、後志、網走管内の丘陵地や台地には「暗赤色土」とよばれる赤っぽい土がわずかながらあることが知られている。北海道の赤い土の多くは、火山活動の影響で土が赤くなった可能性があると考えられており、熱帯地方とは成因が異なっているようだ。

土を診る、流域を見る

現在では、開拓当初に比べて作物の収量も大幅に向上し、特殊土壌という言葉も使われることが少なくなってきた。ところが、農業技術が発展するほど土への注目度は高まっている。近年では「食の安全」に向ける消費者意識が土にまで及び、土の健康状態をコンピュータで管理することや、土にまかれた肥料などの生産履歴を消費者に提供するトレーサビリティの試みも広まっている。そのため農業系コンサルタントエンジニアである私たちが土を診る機会は、ますます増えている。土がもっている作物をつくる能力は「土壌の生産力」

ともよばれ、養分などの化学的要素、排水性や土の硬さなどの物理的要素、土壌中の微生物の生息状況などの生物的要素の3つに分けられる。これらの総合力がいわゆる「地力」とよばれるものだ。

土壌調査の中で、土に含まれる養分量などを調べて、何が不足しているか、あるいは何が過剰に存在するか、どうしたら改善されるか、といったことを現地での情報も含めて総合的に検討することを、特に「土壌診断」という。いわば土のお医者さんというわけだ。

土壌調査を行うとき、まず浅いもので深さ30㎝くらい、深いものでは1m程度の深さまで穴を掘る。専門用語でこの穴を「試坑《しこう》」という。そこでは、腐植の量や土の色、土粒子のようすを見る。経験を積むと、指先の感触や土の伸び具合で、どの程度砂や粘土が含まれているか、おおまかにわかる。そして、専用の「硬度計」という器具で土の硬さを計測する。土があまりに硬いと作物や樹木の根が伸びることができないので、作物を植える際に問題がないかの判断材料として重要だ。

ほかにも地下水位の深さや石の大きさや多さ、土の粘着性、植物の根が入っている深さなども観察して作物生育上の問題点を洗い出していくのだ。こうした現地調査の後、土壌試料を持ち帰り、そのなかに含まれる養分などを調べる。

土を調べることで、作物の出来がおおよそわかるようになる。栄養分に富み、透排水性

標準土色帳

写真6　土色帳で土の色を調べる

なども含めたバランスのとれた土であれば作物も豊かに実るだろう。さらに土から得られる情報をもとに、もう少し広い範囲で環境がどうなっているのかを知ることも大事だ。

私はよく橋の上などから農村地帯を流れる小川（排水路）を眺めることがある。まず小川の水の色味や濁り具合を見る。一帯が火山灰地であれば、水は比較的透明であることが多い。濁りは土や砂などが自然のフィルターの役目をして濾過されるためである。ところが水に溶ける物質は土のフィルターをかいくぐって流出してくる。

特に畑地帯では窒素肥料の窒素分に酸素がくっついた硝酸性窒素ができやすい。硝酸性窒素を多量に摂取した場合、メトヘモグロビン血症という症状を引き起こしたり、発ガン性の物質をつくり出したりすることがある。この硝酸性窒素は水によく溶けるため、地下水に混じって流れてくる。そのため透水性のよい畑地では硝酸性窒素の濃度が高いことがある。

　また、川には「赤い水」が流れてくることもある。そういうところは川の底の方も赤さびがついたような色になっていることが多い。この赤い水はたいてい地下水位の高い土地や泥炭地から流出してきた水で、鉄分を含むため赤く色がついて見える。このように流れている水を見て、その濁りや色などの原因のあたりをつけ、上流側の水の出もとがどうなっているかを探りに行く。

　一帯は平地ばかりなのか。丘陵や台地といった地形はどの程度の傾斜があるのか。地質は水を通しやすい性質があるか。それとも水を通しにくい岩盤のようなものか。土地利用は水田、畑地、牧草地のどれが多いか。家畜の放牧やふん尿の処理はどのよ

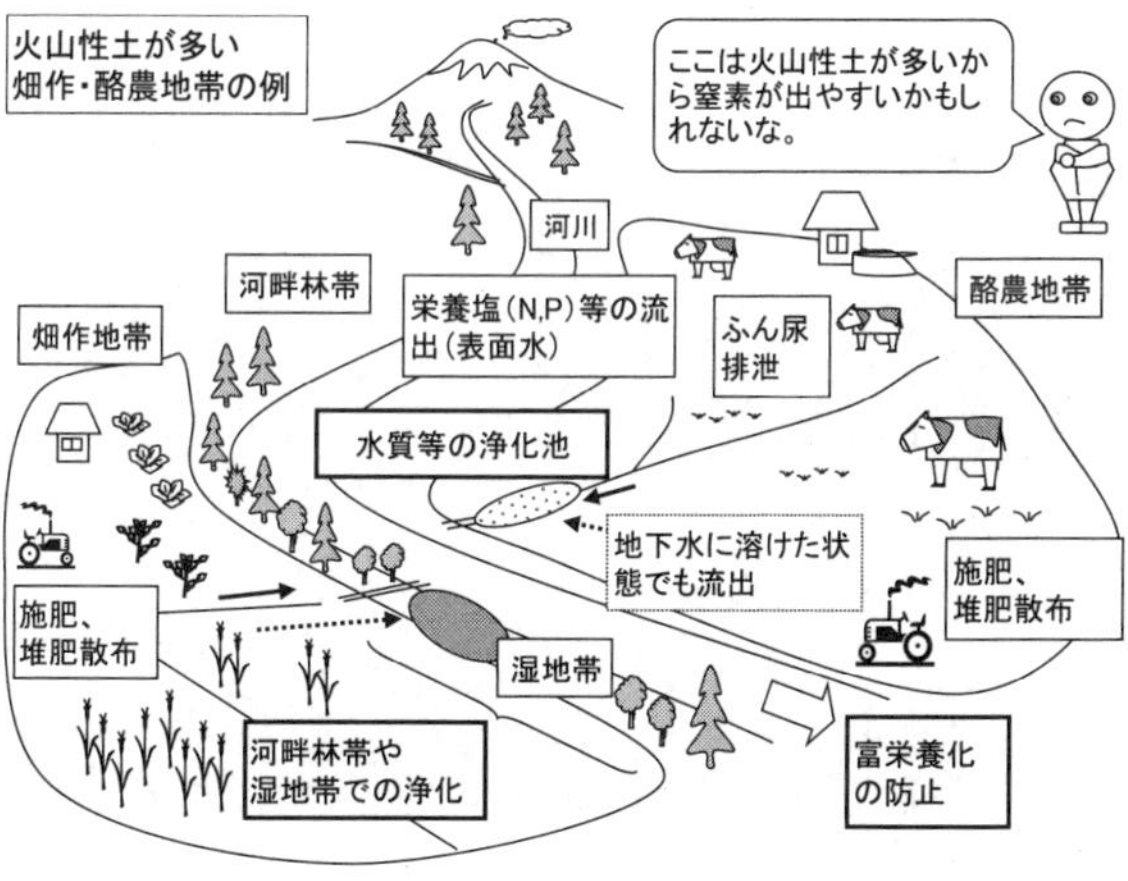

図2　流域を視野に入れて水質の保全を考える

写真7　泥炭地にみられる「赤い水」

写真8　火山灰地を流れる小川の水

うに行われているか。川の周りをはじめ森林が多いか少ないか。

こうしたことを、水がどういうふうに流れてくるか頭の中でイメージを広げながら調べていく。川の水質はさまざまな原因で変動する。流域に広がる土も変動要素の大きな一因である。変動の有り様を土と水の両面からとらえ、環境に影響を及ぼす要因について、流域を視野に入れ保全対策を考えていく。

増えるメタボな畑

大人だけでなく子供にもメタボ体質が増えているという。実は人間だけではなく、土の世界にも「メタボ」が広がっている。

畑の土はいうまでもなく良質な作物を安定して生産するための重要な基盤である。そこには作物にとって不足がないように窒素やリン、カリをはじめとするさまざまなミネラルや有機物がまかれる。作物は毎年収穫されるので吸収された栄養は農地からなくなっていく。収穫だけでなく雨による流失もある。だから毎年肥料をまく。そうしないと栄養不足になって作物がうまく育たない。

ところが実際には、どの程度土に栄養が不足しているかは、土の中に含まれる肥料の成分を分析してみないとよくわからない。毎年分析を行うのが理想だが、なかなかそうはならないので、多くの場合、経験的に〝あんばい〟をみて肥料をまいていることが多い。こうした場合、〝足りなくてうまく育たないと困るから、ちょっと多めにまいておこう〟と思うのが人情というもの。短い期間であれば問題は大きくならないが、何十年も積み重なるとかなりの濃度で蓄積することになる。

例えばリンについてみると、農林水産省が公表している資料では、土壌診断基準（概ねこれぐらい土に含まれていれば作物が育つという目安）をオーバーしている農地が全国の水田で53％、北海道の普通畑で37％あり、蓄積量も増加傾向にあるという。

さてリンは作物が育つための必須要素で、これがなくては作物は花も咲かせず、実もつかない、極めて重要な成分だ。ところがリンは、国内では産出されておらず、もっぱら海外（最近は中国が多い）からの輸入に頼っている。しかも、中国でも自国の作物生産を優先するため、輸出量を制限するようになってきており、世界的に相場が上昇傾向になっている。肥料の購入費が高くなれば経営にも直接響いてくるため、農家にとっても大変厳しい状況となっている。安全な食料の確保にも影響する深刻な問題だ。

このため、農地に含まれている成分量を分析によって正確に把握し、極力無駄な施肥を行わない動きが、急速に普及してきている。作物の生育に適した分だけ施肥すれば経営的にもプラスだ。この動きが進み、土の中に過剰な成分がもっと少なくなれば、川などへ成分が流出することも減り、下流の湖沼の富栄養化の進行も避けられる可能性が高くなる。環境にはやさしい方向に向いていると言えるだろう。このように土を調べることは、作物の生産にとどまらず、広い範囲にわたる環境の問題とも結びついている。

この原稿を書き終わってまもなく、中国がリンの輸出制限を本格的に始めた。農業の力、自給力を高めるのは容易なことではない。自分たちの食料を確保するためどうすればよいか、一人ひとりが真剣に考えることが求められる時期にきている。

農業系のコンサルタントエンジニアとして、地域の抱える課題を伺いつつ状況にあわせて的確な提案を行い、そのなかの対応のひとつとして、土を守ること、すなわち私たちの生存基盤を守ることにつながる役割を果たすことが仕事だと考えている。土と向き合うことを通じて、北海道の大地、ひいては地球環境の保全に微力ながら少しでも多く役に立つことができればと思っている。

［参考文献］「北海道農業技術研究史」（北海道農業試験場・1967年10月）／「北海道土壌図―農牧地および農牧適地―」（北海道農業試験場・1985年6月）／宮本 亮「肥料高騰に対応した施肥改善施策の展開方向について」（圃場と土壌・日本土壌協会・2009年10―11月号）

Ⅱ-3

治水百年。100km短くなった石狩川

向井 直樹

石狩川の流域面積は1万4330㎢と全国2位。
北海道のおよそ1／6、日本全体の1／25が石狩川の流域に含まれる。
河口から水源までの長さは268㎞で全国3位。
規模の大きい支川の幹線流路延長を足しあわせると
1000㎞を超え、札幌～大阪間の距離に匹敵する。
石狩川は日本を代表する大河川であり、
流域には多くの都市が栄え、
多くの恵みをもたらしている北海道の〝母なる川〟。
この恵みが、開拓時代から続く治水事業によるものであることを
私たちは忘れたくない。
平成22年、石狩川の治水事業は百年を迎えた。

琵琶湖の倍の面積が浸水

北海道の開拓は、明治2年（1869年）に明治政府が開拓使を設置したときから本格的に始まる。現在からはとても想像できないが、開拓当時の石狩川は大変氾濫しやすい川だった。堤防などが整備されていなかったことも大きな理由だが、他にも理由があった。

石狩川という名は、アイヌ語の「イ・シカラ・ペッ」（非常に曲がりくねった川）に由来するとされている。その名が示すとおり、かつての石狩川は、石狩平野を大きく蛇行しながら流れる川だった（図1）。地図を広げると石狩川の沿川に多くの三日月湖があるが、これらは石狩川が蛇行して流れていた当時の名残なのだ。

蛇行する川は水が流れにくい。ひとたび雨が降ると川に集まった水が溢れてしまうのだ。蛇行の多い石狩川も、流れづらく、洪水氾濫を起こしやすい暴れ川で、明治初期には10日以上も浸水が続くことがあったと記録されている。

石狩川の整備は北海道開拓にともない少しずつ進められたが、明治31年に未曾有の大洪水を起こす。浸水面積1500㎢、被害家屋約1万8600戸に及び、開拓が始まったばかりの石狩平野に壊滅的な打撃を与えた。続く明治37年、再び大洪水が起こる。このときは浸水面積1300㎢、浸水家屋約1万6000戸という被害だった。

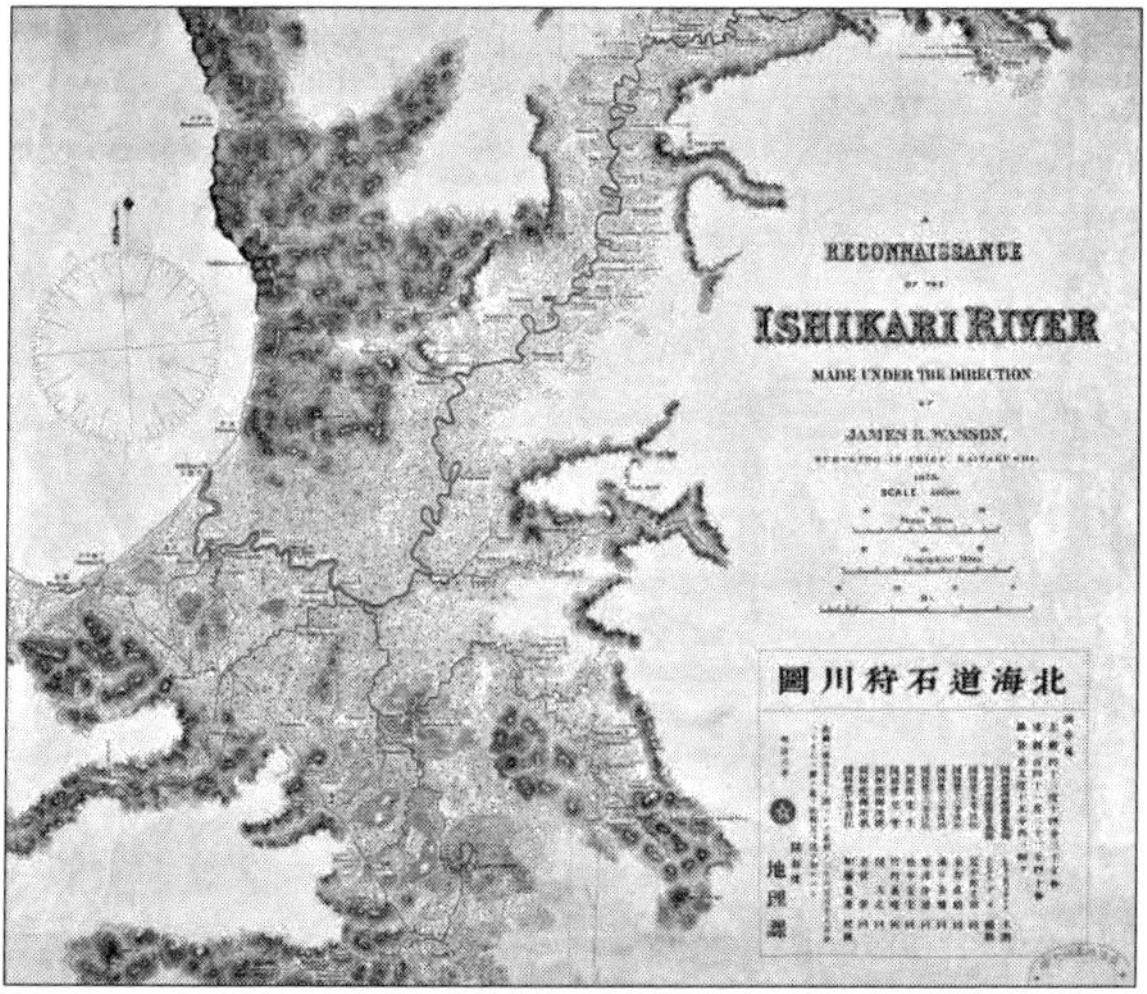

図1　ジェームス・R・ワッソンの北海道石狩川図
（明治6年測量・明治8年作成・北海道大学図書館蔵）

日本最大の湖である琵琶湖の面積は約670㎢。これと比較すると、このときの洪水による浸水がいかに大規模であったかが想像できる。図2は明治37年洪水の浸水域だが、石狩平野のほとんどが浸水したようすがうかがえる。石狩川のような大河川がたびたび氾濫していたのでは、安心して生活や経済活動を営むことはできない。洪水で家や畑を失った人々の中には開拓を諦めて北海道を去った人も少なくない。

北海道の開拓を進めるためには、石狩川の洪水から人々の生命や財産を守ることが不可欠だ。明治31年の洪水を契機に「北海道治水調査会」

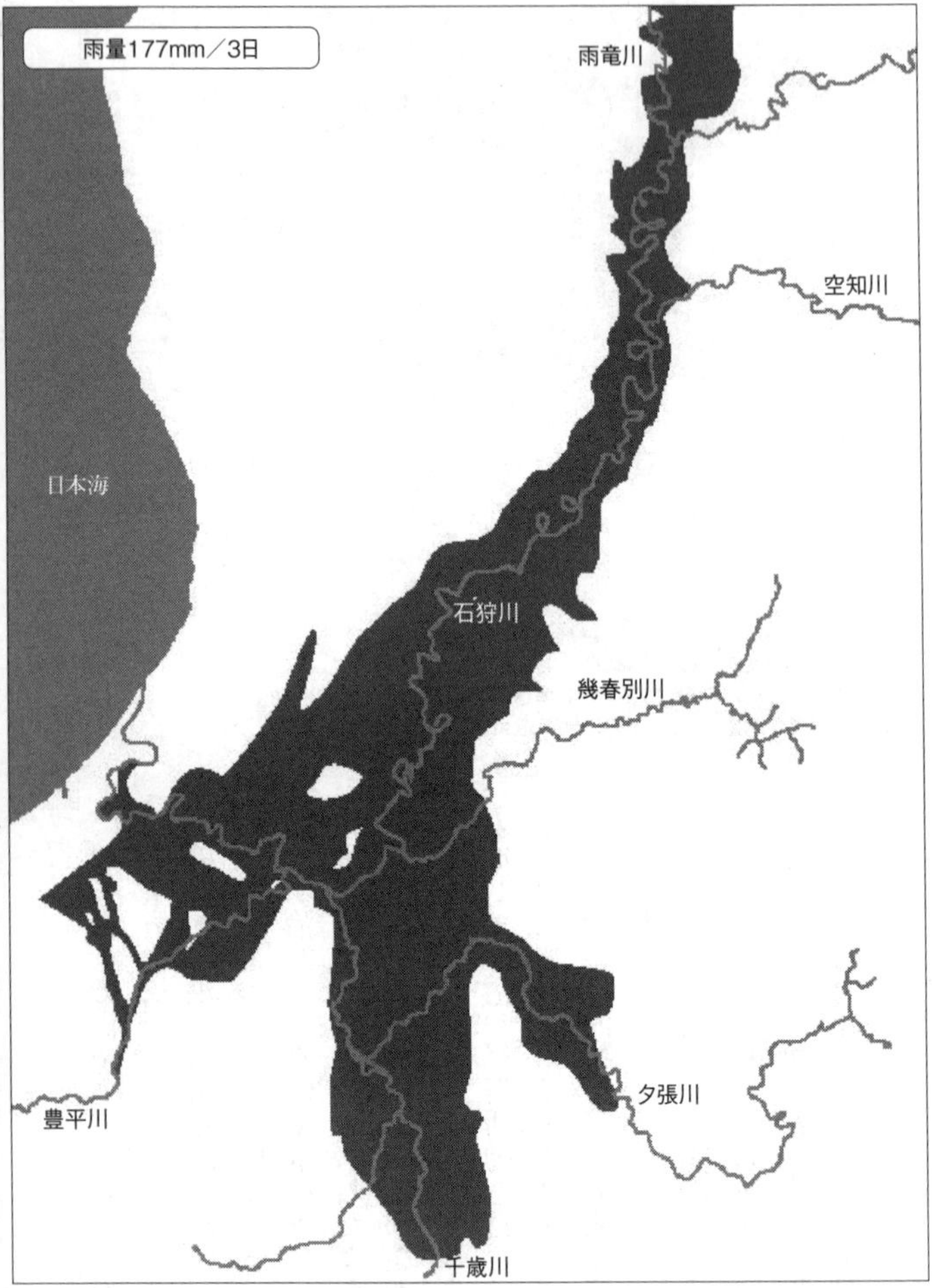

図2　明治37年の洪水による浸水実績図
（「石狩川水系 石狩川（下流）河川整備計画」（北海道開発局）を基に作成）

が設立され、翌年から本格的な調査・測量が始まった。そして、明治37年の洪水流量から改修計画が策定され、明治43年に石狩川治水事務所が開設された。石狩川の本格的な治水事業はこのときから始まったとされ、平成22年（2010年）にちょうど百周年を迎えた。

さて、この時期の石狩川治水の中心的な役割を果たしたのが、岡崎文吉博士だ。岡崎文吉は15歳のときに、札幌農学校（現北海道大学）に新設された工学部の第1期生として入学し、卒業後21歳の若さで助教授となった。そして明治29年に、25歳にして北海道庁の技師に就任している。石狩川の改修計画は岡崎らが中心となって立案された。

100km短くなった石狩川

洪水による被害を防ぐにはさまざまな方法がある。

①洪水のときに川に流れる水の量を減らす、②水が流れやすい川にして洪水のときの水位を下げる、③洪水が川から溢れないようにする。以上の3つに大別できる。

改修事業の当初は、蛇行した本流部分はそのまま残し、本流とは別に放水路を掘って洪水時の流量を減らす方針だったが、間もなく、蛇行している部分をまっすぐにして、洪水を流れやすくする「捷水路《しょうすいろ》」方式で石狩川の改修は進められることになる。捷水路は洪水防御だけではなく、普段の川の水位を下げることにより周辺の排水をよくし、農地を開発しやすくする目的があった。

石狩川の捷水路工事は、大正7年（１９１８年）から始まり、昭和44年（１９６９年）まで29カ所の工事が続けられた。この結果、石狩川の下流部だけで、川の延長は約60kmも短くなった（他に自然短絡により約16km短くなった）。現在の石狩川の総延長は約２６８km。１００年間で実に１００kmも短くなったとされている。

これらの捷水路工事の中で最初に工事が行われたのは「生振《おやふる》捷水路」。石狩川の下流部の大蛇行区間を直線で結んだことで約15kmも川を短縮した。このため他の捷水路とあわせて２m以上も水位を低下させたとされている。残された旧川が今の茨戸川であり、昭和40年に茨戸《ばらと》川、真勲別《まくんべつ》川と改称されるま

写真2　現在の茨戸川

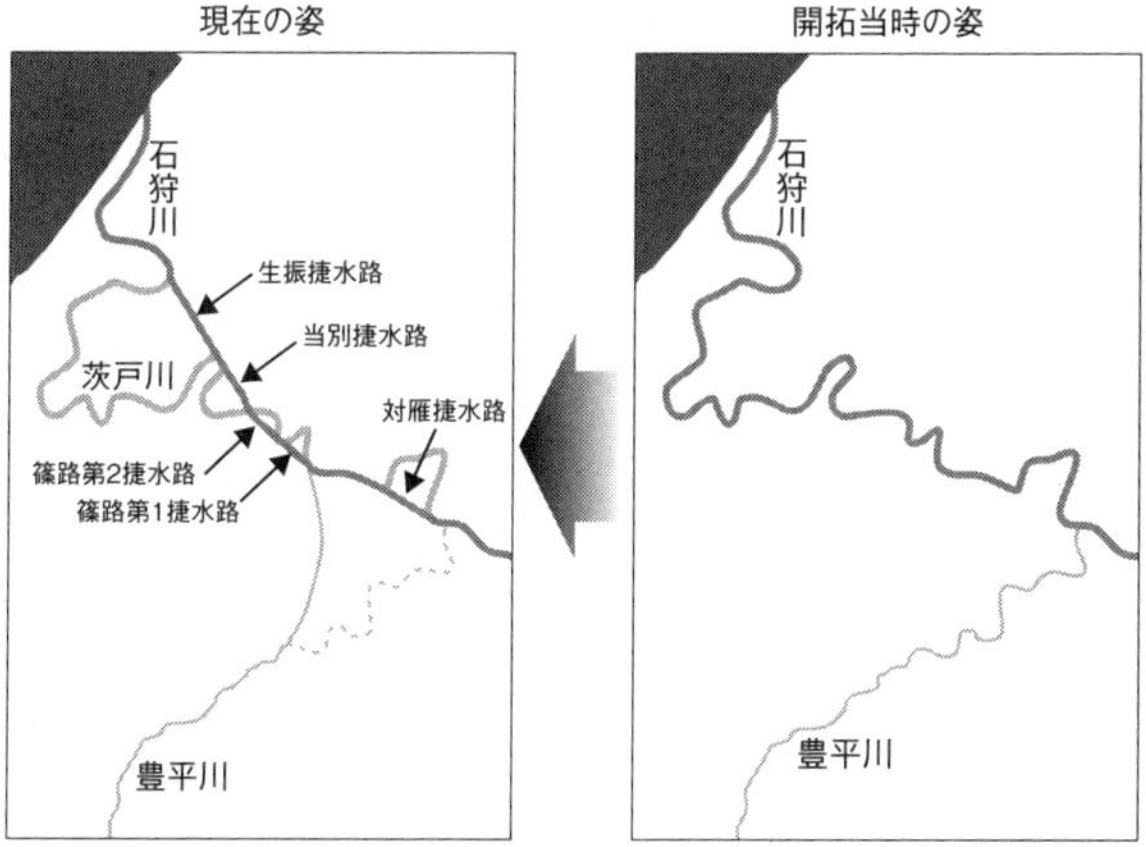

図3　石狩川下流部と豊平川の姿の変遷
昔は蛇行の激しかった石狩川は、明治から昭和にかけて行われた捷水路工事により大幅に直線化された。豊平川の合流点も昭和初期の工事で下流に付け替えられた

では「旧石狩川」とよばれていた。現在はレジャースポットとして人気だが、かつては石狩川の一部だったのだ。

本川の捷水路工事とともに、支川の流路を切り替える工事も行われた。支川が本川に合流する位置を下流寄りに下げるとスムーズに水が流れる場合がある。こうして豊平川、千歳川などの石狩川下流の大支川はほとんどが切替工事により現在の姿になった。

図3に石狩川と豊平川について、明治時代と現在の姿を並べてみた。ずいぶんと直線化されていることがわかると思う。他の地区でも同様の捷水路工事や支川の切替工事が行われ、石狩川は川の形を大きく変えて現在に至っている。

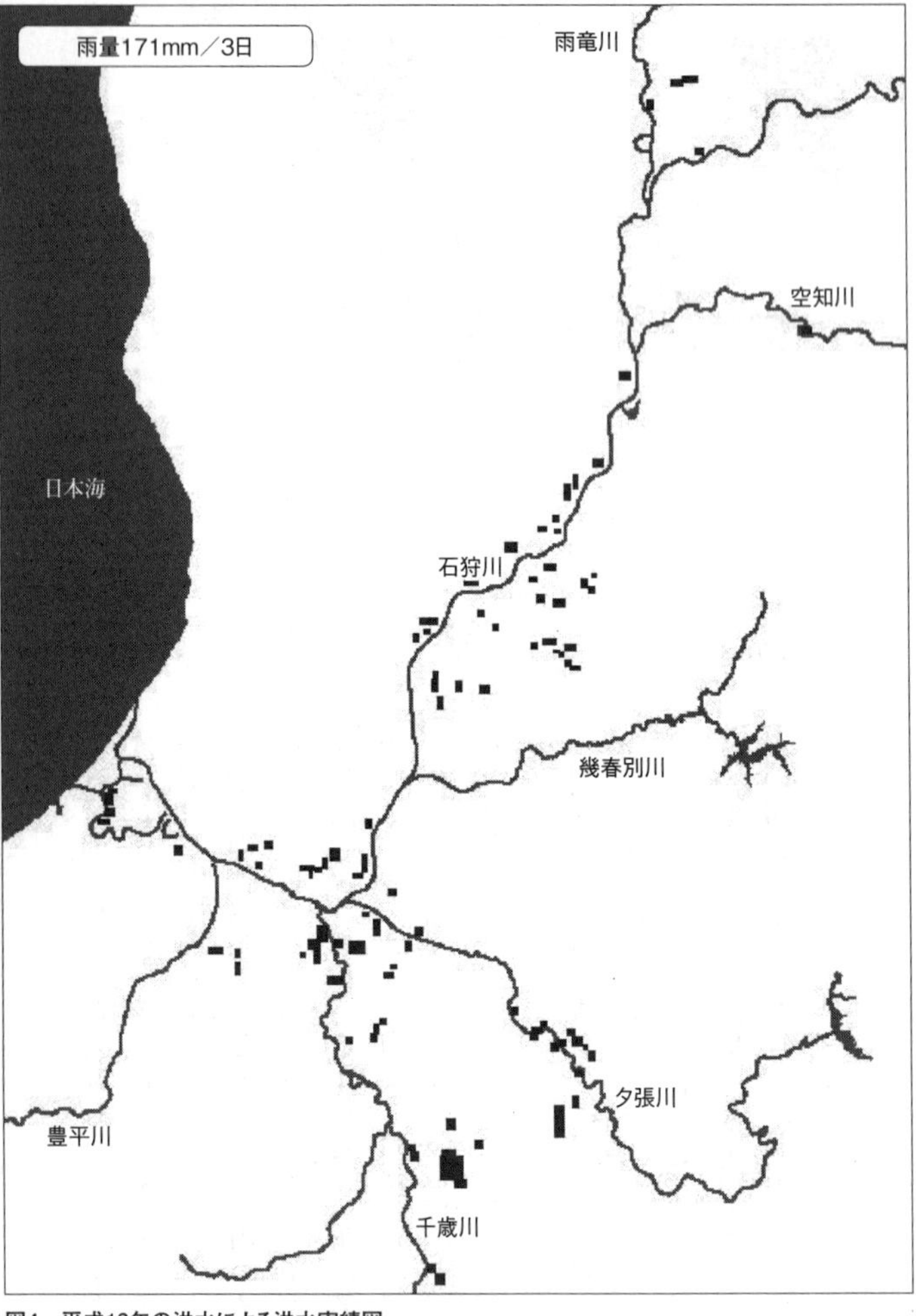

図4　平成13年の洪水による洪水実績図
122pの図2と比べると大きく浸水域が減少している。また直線化や支流の切り替えが行われているようすもわかる（「石狩川水系 石狩川（下流）河川整備計画」（北海道開発局）を基に作図）

また、川底や河岸を掘って川の断面積を大きくし、洪水時の川の水位を下げる工事や、洪水が溢れないような堤防をつくる工事が行われた。戦後は水を貯めて流量を調整するダム建設が続けられた。

このような100年にわたる石狩川の治水事業で、石狩川の安全性はどのように変化しただろうか。平成13年9月、石狩川流域は3日間で171㎜の雨量を記録したが、これは、明治37年の洪水や昭和50年の洪水と同程度の雨量だった。図4に、この洪水の浸水域を示す。もちろん、同程度の雨量といっても、時間的・場所的な雨の降り方の違いにより、川を流れる洪水の量は変わるので、単純に比較することはできない。それでも図2と比べてみると、浸水域が大きく減少しているのがわかる。

また、河川の水位を下げたことにより周辺の排水性がよくなったため、湿地が減少し、農地や宅地などの土地利用が可能になった。さらにダムの建設は、洪水被害を防ぐだけではなく、農業用水や都市用水を供給し、私たちの生活や流域の産業に大きく寄与している。

こうして原野だった石狩川流域は、今や流域全体で300万を超える人口を擁するまでに発展した。札幌や旭川などの都市が発展し、広大な農地は日本の重要な食料供給地となった。交通網の整備や農地の整備などの事業が相互に影響した結果ではあるが、治水事業による洪水からの防御が石狩川流域発展の基盤になっていることは間違いない。

現象の本質に迫る

石狩川治水百年。実に壮大な事業であった。ここには先人の知恵や努力が凝縮されている。なかでも次の2点は時代を超えて現代にも通じるものだと思う。

ひとつは「現象の本質に迫る」姿勢だ。

治水事業を進めるためには、洪水時にどの程度の水が川に集まってくるかを推定する必要がある。洪水時の流量が定まって初めて、川をどのくらい大きくする必要があるのか、どのくらいの高さの堤防が必要なのかなどが決まる。

石狩川の洪水量は、昭和39年に改定されるまで、岡崎文吉が明治42年に策定した8350㎥/秒という値を長らく踏襲してきた。岡崎は、綿密な調査と当時の最新の河川工学の知見を取り入れて計算を行い洪水量を算定したとされている。長年、洪水量が改定されなかったのは、明治37年の洪水に迫る洪水がなかったこともあるが、岡崎が策定した数値がそれだけ精度の高いものであったことも大きく、この先駆的な業績は今も高く評価されている。岡崎文吉を筆頭に石狩川の治水事業に携わった先人たちは、みなわずかな観測資料を基に、洪水量や洪水時の河川水位などについて検討を加え、治水工事の基礎となる数字を算定して治水計画を立案し、治水事業を実施してきた。

現代では、降雨や水位に関する観測データや川の形状に関する測量データは、当時とは比較できないくらい充実している。コンピュータや数値解析技術の発展で、複雑な計算や予測もできるようになっている。しかし、いくら観測技術や数値解析技術が発展しても、それだけで洪水などの現象を正確に予測できるとは限らない。複雑な自然現象を理解したり予測したりするためには、多くの事象のなかから現象の本質を考察してモデル化し、必要となるデータを取捨選択することが必要になる。そして「考えられるなかで最も起こりえる(ｍｏｓｔ ｐｒｏｂａｂｌｅ)こと」は何なのかを見極める必要がある。

これらのことは、河川工学だけではなく広く自然科学の分野や、場合によっては社会科学的な分野にもあてはまることだ。石狩川の治水を振り返ると、複雑な自然現象の本質に迫る思考の重要性をあらためて再認識させられる。

未来を見すえる

2つ目は「未来を見すえる」ことの重要性である。

石狩川のような大河川の治水事業にはとても長い年月が必要になる。石狩川本川と規模の大きい支川だけでも1000㎞を超える距離があるため、川を掘ったり堤防をつくるには、多くの費用と長い時間が必要だ。このため短い期間だけで見ると治水事業の効果を実感できないことも少なくない。

堤防で考えてみよう。堤防は洪水が川から溢れないようにするものだが、1カ所でも堤防のない区間があったり、高さの足りない区間があると、そこから水が溢れ、堤防があるところにも被害が及ぶ可能性がある。堤防は連続して整備すると絶大な効果を発揮するが、途中段階での効果は限定的なものとなる。石狩川で堤防が連続したのは昭和30〜40年代になってからのことである。その後も、堤防断面を大きくする工事などが続けられている。現在でも必要とされるすべての箇所の堤防工事が終わっているわけではない。

石狩川の治水に尽力した先人たちは、さすがに今のような近代的な都市が出現するとは想像もできなかっただろうが、石狩川の開発が食料増産や北の防衛といった北海道開拓の要であり、ひいては日本の近代化に重要な役割を果たすことについては揺るぎない確信があったと思う。

もし彼らが石狩川の治水事業を途中で止めていたら、現在のような流域の発展は望むべくもなかっただろう。河川の整備や道路の整備など、広く世の中一般で使われる公共的な事業を社会資本整備というが、これを考える上では、未来を見すえる視点が不可欠なのだ。

石狩川治水により洪水被害は減少した。しかし、これで治水が不要になったわけではない。近年、石狩川流域で大洪水が発生していないため、実感が湧かないかもしれないが、過去の大洪水に匹敵する規模の洪水が襲来する可能性は常にあるのだ。地球温暖化により、これまでより多くの雨が降る可能性も指摘されている。流域が発展しただけに、ひとたび大洪水が起きた場合には、被害が甚大になる。

今から百年後、人々が過去を振り返ったときに、〝石狩川治水二百年〟のおかげで流域の発展があると思えるように尽力していきたい。ただし、これまでの百年とこれからの百年とでは、わが国を取り巻く環境も大きく異なる。未来を見すえつつも、その時々の社会情勢に応じた治水のあり方を考えていく必要がある。

治水という大事業に対して、一人ひとりの河川技術者が成しうることはけっして大きくはないのだと思う。だが、これまでの多くの先人の一つ一つの積み重ねが石狩川を少しずつ安全にしてきた。河川に関わるコンサルタント技術者として、石狩川、そして北海道の安全に少しでも役立てるように頑張っていきたい。

【参考文献】山田秀三「北海道の地名」（2000年4月）／石狩川治水史編集委員会「石狩川治水史」（1980年12月）／山口甲・品川守・関博之「捷水路」（1996年8月）／北海道開発局「石狩川水系石狩川（下流）河川整備計画」（2007年9月）／北海道開発局「豊平川河川整備計画」（2006年9月）

Ⅱ－4

川のお医者さん奮闘記。健康な流れを取り戻す最先端の土木技術

堀岡 和晃

土木の新たな分野として、
湖沼や川、湿原などの自然環境を昔の姿に戻したり、
ありのままの自然に近い姿に回復したりする役割が期待されている。
市民活動のレベルでは、ある程度まで自然の現状を守ることはできたとしても、
複雑な原因から〝病んでしまった〟環境を元のように復元していくのは難しい。
環境を学んだ土木技術者なら、その一端を担うことができるだろう。
病に侵された川を健康な姿に治す「川のお医者さん」として、
土木技術者は何を考え、何ができるのか。
これまで悩みながらも取り組んできたことを、私たちの身近な川を例に紹介したい。

なお「川のお医者さん」にも守秘義務があるので、現在診断中や治療中の河川については、患者（河川）は匿名での紹介となる

写真1　川面にヤナギが迫る。遷移樹欠乏症に侵された川

クサヨシ異常増殖症

左の写真は道央の平野部郊外を流れる、とある川だ。平成3年（1991年）に撮ったもの（写真2）と平成18年に撮ったもの（写真3）。この環境に何か問題があるだろうか。一見、河岸には林があり、水辺には草が茂る自然豊かな環境に見える。実際、現地に行っても所見は変わらない。この川を「病気」だと認識する人は、ほとんどいないのではないだろうか。しかし、この川は確実に病に侵されている。「クサヨシ異常増殖症」と名づけた川の癌だ。人間の「癌」（細胞異常増殖症）は、遺伝子の突然変異によって発生する。「クサヨシ異常増殖症」という川の癌も、外来種であるクサヨシが水質悪化によって異常増殖したことによって発生した。

もともとクサヨシ（Ｒｅｅｄ ｃａｎａｒｙｇｒａｓｓ）は、ヨーロッパで自生していた外来種。ヨーロッパからアメリカが牧草として導入した際、遺伝子の異なる複数のクサヨシが自然交配して繁殖力の高い品種に進化したものだ。このクサヨシが牧草として日本に輸入され、現在、道内の4割程度を占めるまで広がっている。クサヨシは栄養に恵まれているところでの繁殖力が高いため、たい肥などを多く含む地域ではびこっている。

クサヨシが浮いていることで、どんな問題があるのだろうか。確かにクサヨシが浮いて

写真2　平成3年4月の川
水面が見えている

写真3　平成18年5月の川
クサヨシに覆われて水面がほとんど見えない

いるところでは、川底は流れが遅く泥がたまりやすくなっている。だからといって、すぐに治療が必要だとは言いにくい。

あらためて写真2を見てみよう。これは写真3と同じ場所を平成3年に撮ったものだ。15年前は水面が広いのに、最近は繁殖したクサヨシに覆われてしまい水面がほとんどなくなっている。この写真を、専門家が川の自然再生について協議する委員会に示すことで、初めてこの川が「病んでいる」という認識が共有された。そして現在、「開放水面の確保」という治療に取り組んでいる。

さまざまな価値観、考え方がある中で「徐々に悪くなってきているようだから何とかすべき」という意見の一方、「今の環境を保全することも大事で、安易に手をつけるべきでない」との現状維持・保全の意見も存在する。川の治療に取りかかるためには、みなが納得できる合理的（科学的）な根拠が必要なのだ。

一見して自然豊かに見えることの多い北海道内の河川の場合、だれの目にも明らかな重症患者は少ない。しかし、軽度ながらさまざまな病気を併発している場合が多い。それだけに、特定の患部だけでなく体全体、つまり流域や生態系の全体を俯瞰する視点に立って診断・改善する技術が問われる。さらに、参考となる健康体（手つかずの自然）もほとんどない状況では、完治の目安（環境目標）を決めにくい状況にあることが悩みのタネとなる。

いずれにせよ、川に何か問題が生じたからといってただちに治療が必要と判断するのではなく、人間が手を加えない限り環境の改善が期待できないかどうか、といった観点から治療の必要性を判断することが重要なのだ。

遷移樹欠乏症

次の症例は、道央の都市郊外を流れる川（写真4）だ。

この環境にどんな問題があるだろうか。河岸が樹木で覆われ、自然豊かな川に見える。茂った林に小鳥がさえずり、街中では貴重な環境と思われるだろう。この川を病気だと認める方は少ないに違いない。

しかし、私たちは、ヤナギ類だけが育っているこの川の現状を「遷移樹欠乏症」と診断した。「遷移樹欠乏症」とは、過去の河川改修や周辺開発にともなう樹木伐採がもとで、自然のバランスが崩れ、正常な河畔林が育たない病だ。

河川は貴重な公共親水空間である。なかでも河畔林は、緑の少ない市街地では、野鳥などの貴重な生息場として市民から保全が求められている。

写真4　河畔林で覆われた川

水辺の緑は日光による水温上昇を防ぎ、水中に突き出た根や倒れた幹や枝が魚の休み場となり、葉についた虫が水面に落ちて魚の餌になる。根が周りの土を縛ることで河岸が崩れにくくなり、腐葉土があることで地表を流れる濁水を浄化してくれる。大木の幹には樹洞ができ、リスや鳥の住みかができる。

ところが、「遷移樹欠乏症」に侵されると、ヤナギ林が他の樹種に遷移しないまま世代交代を繰り返す。ヤナギ類は成長が早い反面、根が浅く木質部が弱いため、台風などで倒れやすく、折れ・腐りやすい。大木になる前に朽ちて倒木化するなど、河畔林が本来持つ正しい機能を失わせ、河川氾濫の危険を増大させる。

このように川岸に繁茂したヤナギ林は、出水時の流れを妨げることから、水害から市民を守るために伐採は避けられない。ただしその際は、自然環境への配慮を忘れずに、現状の林の量は減らさざるを得ないものの、メリハリのある林の残し方を決め、さらに遷移樹を導入するなどして、林の質を向上していくといった、新たな治療方法が求められる。

ヤナギに覆われる北海道の川

では、どうしてヤナギ林だけが、このように生い茂ってしまうのだろうか。

森林は、そこに育つ樹木の種類を少しずつ変えながら、その場所の環境に適した森に変わっていく。河畔林の場合は、根付いたばかりの幼木が、川の氾濫で押し流されることを繰り返し、生き残った木々たちで林をつくっていく。ヤナギ林からニレ属やトネリコ属の樹林へと変化していくのが一般的だ。そして林が十分に育ち、流水の影響を受けにくくなるとコナラ属などの樹林へと移っていく。開発が進む前の北海道の低地帯ではハルニレ・ヤチダモなどの大径木の河畔林が広く分布していた（写真5）。

ヤナギ科の植物は根の発生が旺盛で、水に強く、折れても再生する生命力の強い木だ。

そのため、河川の工事後の荒れ地ではヤナギ林が多く見られる。

ヤナギ類の種子は綿毛があるため、風に乗って広く飛び散る。北海道では、毎年5月から6月にかけて大量に広がる。そして水面に落ちると浮かんだまま流される。綿毛が濡れてしまうと風に乗って飛び立つことはできないため、そのまま川沿いの砂地などに漂着し、そこで芽を出す。

積雪寒冷地の北海道では、大量の雪解け水によって河岸が洗い流され、ヤナギの種子が付きやすい裸地がつくられる時期と、ヤナギの種子が飛び散る時期がちょうど重なってしまうのだ。さらに、周辺の開発が進んだ結果、河川の出水も

写真5　忠別川沿いの残存林（神楽岡公園）　ハルニレ・ドロノキ・ヤチダモ林

少なくなり、着地したヤナギの種子が、出水で再び押し流されてしまうことが少なくなった。すなわち、河岸にヤナギが生い茂るのは雪国特有の現象なのである。

こういった地域特有の実情は、なかなか全国レベルでは理解を得にくいようである。例えば、川を覆い尽くすようにヤナギ林が広がっても、「本州では、数少ない河畔林を市民が苦労して守っている。北海道はヤナギ林が育つだけありがたいはず」という声のもと、ヤナギ林の伐採費用が予算化されにくいといった悩みを抱えている。今後の河川管理の考え方として、ヤナギ林が生い茂る積雪寒冷地の地域特性を踏まえたローカルルールを盛り込むことが必要であり、その試みはすでに始まっている。

その一例として道北を流れる天塩川では、平成19年度から、ヤナギ林の中を帯状に伐開し、ハルニレ・ヤチダモなどの苗を試験的に移植する試みが行われている。やがてこれらがヤナギ類の樹高を超えて成長することで、ヤナギ類を淘汰させ、樹種がしだいに遷移するはずだ。河川氾濫を受けてもヤチダモは元気に成長しているという。

ディスタービング・シンドローム

3番目は道央の大都市を貫流する川の症例（写真6）だ。この川は「ディスタービング・

写真6　河岸に土砂が堆積し、河道を狭め樹木が繁茂している。蛇行がなくなり、河原や瀬淵が消失している

シンドローム（撹乱《かくらん》症候群）」になっていると私たちは診断している。

「ディスタービング・シンドローム」とは出水の減少や深掘れ、土砂堆積が要因となって樹林化が進行し、「低水路」という常時水が流れる部分が単調となり、瀬・淵が消失、魚類が住みにくくなってしまう症状だ。

こうした川では川水の流れる範囲が狭まり深掘れが生じ、砂州に樹林が生い茂り、樹林の根元には土砂が堆積するなどの症状が発生する。これが進行すると洪水時に樹木によって流れが阻まれ、堤防を決壊させる恐れも考えられるため、予防や早期治療が重要だ。

古老に話を聞くと「昔は、流れが比較

的緩やかで水深も深く、河原だらけで木は少なかった」という。現在でも、上流に行くと写真7のように、川が蛇行し、河原があり、瀬・淵がある、昔の姿に近い場所もある。

　この川は、いわゆる急流河川に分類されるが、本来こういった川は、網の目状に蛇行する傾向がある。流路の移動から街を守るため、早くから堤防を築き川幅を狭くする工事が行われてきた。

　瀬・淵は魚の住みかであり、河原に草地があると草原性の野鳥にとっては絶好の住みかとなる。特に早瀬は、魚のエサとなる水生昆虫や付着藻類が多く、魚のエサ場として重要だ。瀬で産卵する魚も多く、淵は大型の魚の休息場所、動物からの避難場所として利用されている（図1）。

　瀬と淵は表裏一体の関係にある。瀬を削ると淵が浅くなり、淵を埋めると瀬が消える。いったん瀬・淵を壊すと、元の形にまではなかなか再生しない。

　この「ディスタービング・シンドローム」という病では、

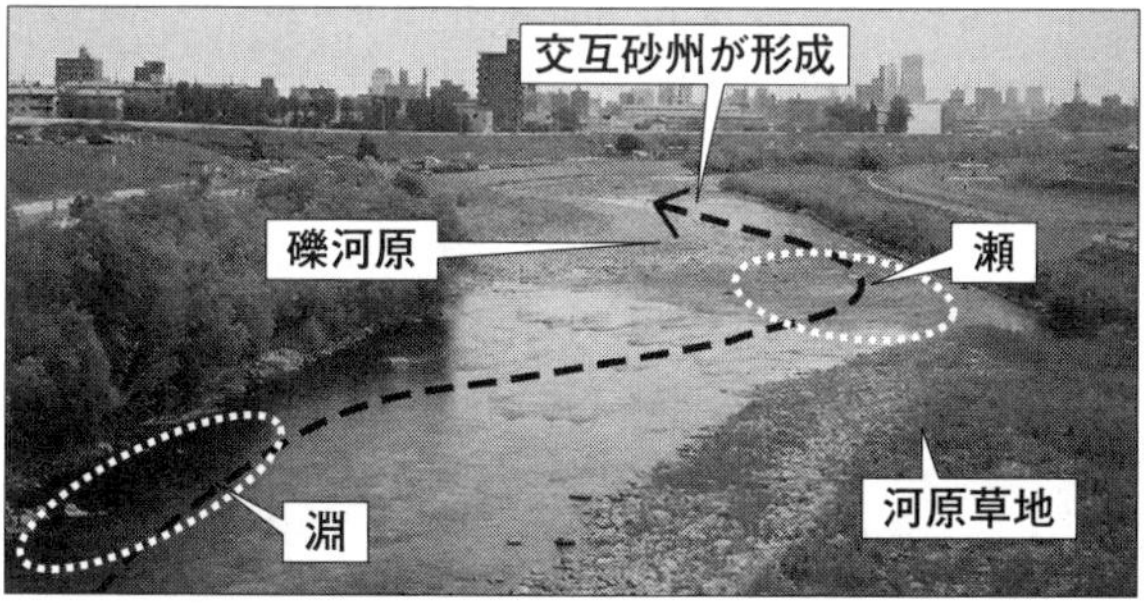

写真7　交互砂州と瀬淵が見られる区間

本来、水面や河原があるところに樹林ができてしまう。これが妨げとなって、川水の流れる範囲が狭まり、川は蛇行したくてもできなくなる。川の蛇行がないと瀬・淵はつくられにくいのだ。

本来、低水路内の河原や砂州のような裸地はヤナギ類が育ちやすい環境なのだが、融雪洪水のような毎年一度は起こる出水が土砂ごと幼木を押し流すことで河原や砂州のまま保たれている。しかし、治水のために行われた直線化や護岸、堰の設置が意図しない川の変化を生み、河道の深掘れや流量の減少が局所的に生じてしまう例がある。この結果、幼木を押し流すはずの撹乱力が不均等となり、林が河原や砂州にまで広がるといった想定外の現象を引き起こしているものと考えられる。

この川の河原に樹林が増えたのも、川の直線

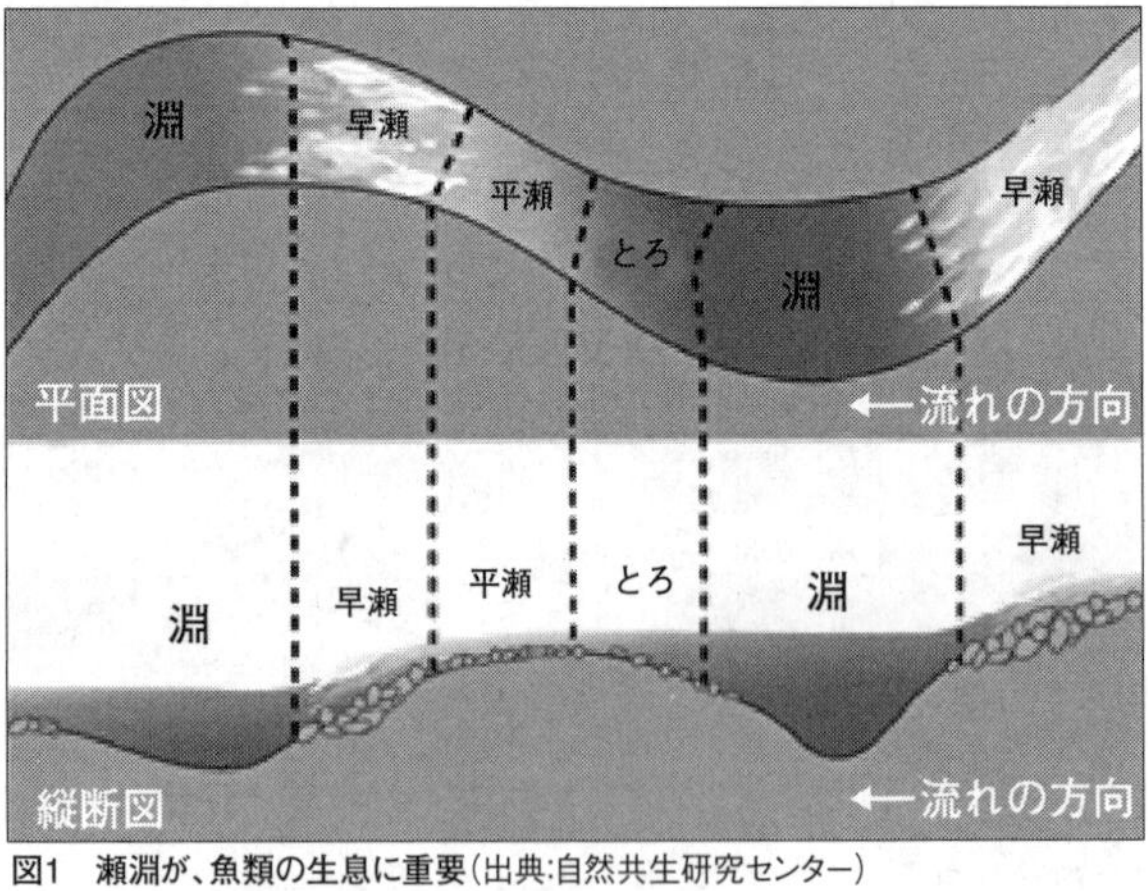

図1　瀬淵が、魚類の生息に重要（出典:自然共生研究センター）

化や上流のダム・堰の設置によって変化した川の流れがもとで前述のように深掘れが進み、水中にあったブロックが水の上に顔を出し、そこにヤナギ林が定着してしまったと考えられる。さらにブロックに土砂がたまることで林が広がったのだろう。こうして瀬・淵や蛇行といった本来の河相の変化が乏しくなった区間が生まれてしまったのだ。

新しい治療法

「ディスタービング・シンドローム」が進行すると、川で暮らす生き物にとって貴重な瀬・淵を失わせ、貴重な水辺の生態系に影響を与える。さらに、洪水時の流木の発生、水位上昇の原因ともなるのだ。

これに対して河原の木を切って砂州にたまった土砂を取り除く治療法はある。しかし、その発生要因（病因）が除かれない限り、病は再発する。

こうした従来型の治療法に対して、私たちは、川の流れの速さを自然の状態に近づけることで病因を除こうとする新しい治療法を、道東のとある川で試すことを提案し、これを行った。樹木と堆積した土砂を取り除き、河岸に巨石を投入し、護岸沿いに集中する流れを分散させることで、樹林化を防ぐ方法である。

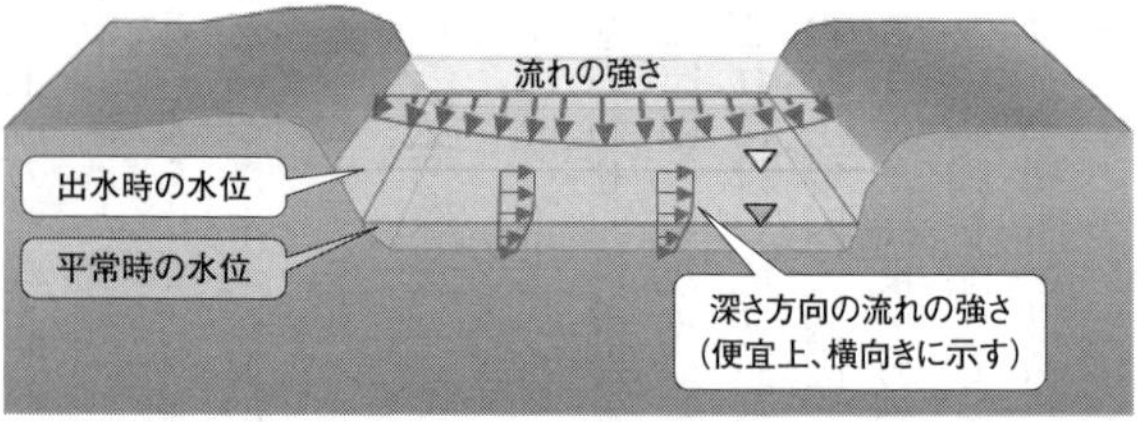

[自然河岸の状態] 土砂移動はバランスがとれ、河床は安定している

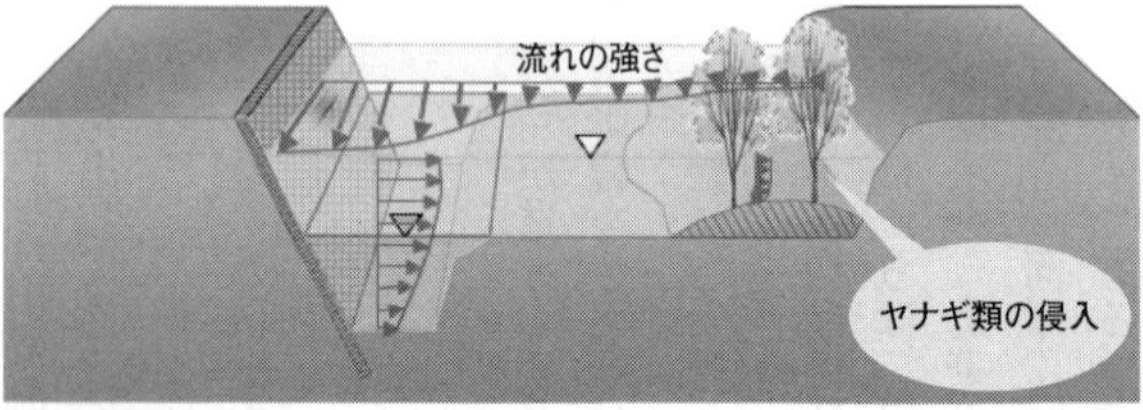

[護岸を設置した場合] 護岸沿いに流れが強くなり、深掘れが発生。対岸は相対的に流れが弱くなり、土砂が堆積。ヤナギ類が侵入する

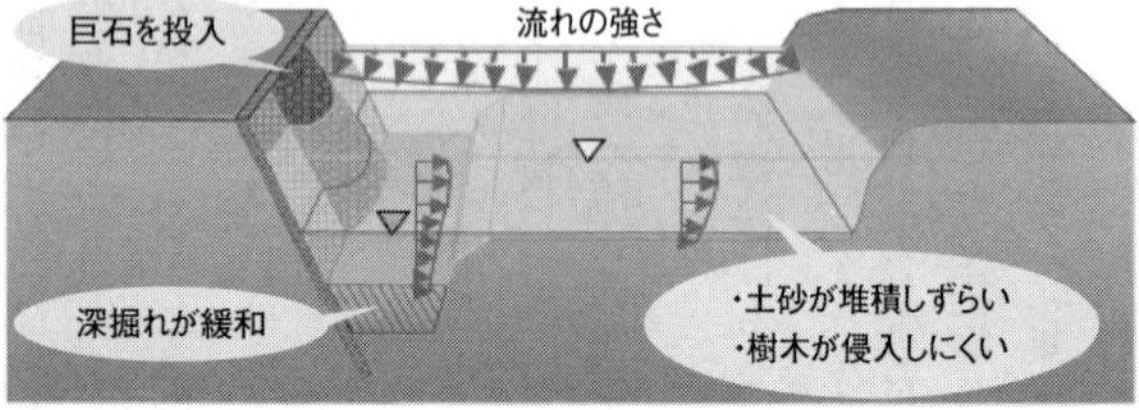

[対策例] 堆積した対岸の土砂を取り除き、護岸の前面に巨石を投入して、流れを分散。これにより、深掘れが緩和し、対岸に土砂が堆積しにくくなり、樹木も侵入しにくくなる

図2　河道内樹木の対策

人工的な川と自然の川との大きな違いのひとつが、河岸際を流れる水の速さだ。通常の自然河岸では、河岸には地形の凹凸があり、また樹木などで覆われてもいるため、流れは遅くなっている。ところが、河岸を守るためにコンクリートブロックなどで固めた場合は河岸部は強固なものになる反面、ここに流れが集中して、流れが速くなってしまう。

川の流れやすさ、流れにくさを、土木の言葉では「粗度《そど》」というが、この粗度に注目して、川岸部分の速さを調節することで、自然状態の川と同様な流れを再現した。従来の河岸保護工の中には、粗度が副次的に発現するものはあったが、河岸部の粗度調整を目的に掲げる対策は例がなかった。それだけにこの治療法は画期的だったといえよう。

こうした樹木の抑制と瀬・淵の復元に向けた新しい治療法が世に出るまでには、さまざまな川で河川管理者や住民に事例を示すといった、いわゆる臨床試験・治験を重ねて評価を受ける必要がある。この治療法が北海道内の河川の計画や設計に反映されるまでには、まだ長い時間がかかるだろうが、微力ながら継続して努力していきたい。

このような具体的かつ抜本的な対策の発想は、土木（河川工学）的な知識・経験がベースにあってこそ生まれたものである。土木技術といえば自然を壊す技術と見られがちだが、人の力で、傷ついた自然を元の昔ながらの姿に戻そうと思えば、やはり土木の知識、技術が不可欠なのだ。

川の名医とは

現在、自然環境を昔ながらの姿にすることについて、十分に事前検討がなされないまま、実施段階へと進んでいる例があるように見受けられる。これまでも、コンクリート面を土で覆った「多自然型護岸」や、特定の生物に対応した護岸が採用されてきた例は多い。いずれも、なぜ、そこで、その生き物なのか、護岸以外に方法はないのか、などの議論が尽くされたとは考えにくい。

ヤブ医者の診断はいつも「風邪」。処方箋も同じで薬はたっぷりだ。一方、名医といわれる医者は、症状を的確に把握して、患者の自然治癒能力をフルに発揮できるように必要最低限の薬で治療を行う。

川の自然再生においても、症状がわかっていないのに治療法だけがなんとなく決まっている場合がなきにしもあらずである。川の名医は、患者の見かけの病状にとらわれず、症状や病因（何が問題・原因か）をよく診察した上で病名を診断し、むやみに薬に頼らず、自然が回復する力をフルに活用して治癒させる治療を目指す。大事なのは、自然が本来持っている〝治ろうとする力〟であり、浸食・堆積・蛇行といった川の特性を復元にどう利用するかにかかっている。

これらを踏まえて、川のお医者さんの登場だ。お医者さんは、患者さんが果たして本当に病気なのか、さまざまな検査から診断を始める。そして、必要な処置を施す。それでも診断や処置の判断が難しい場合はたくさんある。自然環境は地形・土壌、気候などの状況で大きく変わる。そうした移ろいやすい自然の上に、生物の営みが成り立っている。生物は話すことができない。どうしてほしいかは、人間が歩み寄って理解してやらないとならない。

もうひとつ忘れてはいけないことは、人間でいうと「ＱＯＬ（Ｑｕａｌｉｔｙ ｏｆ Ｌｉｆｅ）」の概念だ。

例えば、若いころオリンピックのマラソン選手であった老人が、脳卒中で下半身麻痺の後遺症を患い、リハビリ治療する場合を考えてみよう。治療に当たって、若い頃のように走れる身体を目指すべきか、それとも日常生活で差し障りのない運動能力を目指すのか、といった選択である。もちろん、現場の医療スタッフはオリンピックを再び目指すような無理はしない。実現可能な目標を立て治療方針を決める。

それと同じように、何が何でも昔の自然環境に戻すべきといった理想論は、周辺で暮らす地域住民の生活を脅かす極論になりかねず、地元の理解を得ることもできない。川はみんなの大切な財産であり、川のお医者さんとしては、あくまでも地域あっての自然環境であることを忘れてはならないだろう。

まずは、身近な川に潜む病をみなさんにわかりやすく伝えることが、私たち川のお医者さんの務めと考えている。そして、川を病から救うために、診察し、診断し、治療法を提案する。こうして、川のお医者さんは手助けをするものの、やはり最終的には川を大切に思うみなさんの意見や理解があってこそ、治療は実現していくのである。

［参考文献］高橋浩揮・丸岡昇・竹内亀代司・古西力「美々川自然再生計画の取り組みについて」（リバーフロント研究報告第17号・2006年9月）／自然共生研究センター「ARRC NEWS No.1」（2000年9月）／水野信彦「魚にやさしい川のかたち・信山社」（1995年11月）／堀岡和晃・高橋正州・椎名卓也「圏域環境（特に土壌特性）を用いた河川・流域環境保全・改善の検討」（河川技術論文集第7巻・2001年6月）／堀岡和晃・池田光良「自然再生の考え方と手順に関する提言」（自然環境復元協会・2007年5月）／傳甫潤也・堀岡和晃・米元光明・伊藤昌弘「人為改変後の低地の河畔におけるヤナギ林の分布特性」（応用生態工学Vol.11—No.1・2008年6月）

III

未来の風景を創る

Ⅲ-1
定山渓国道。知っているようで知らない土木遺産

安江 哲

美しい道路景観を創ろうというとき、
技術的な挑戦をしようとするとき、
私は決まって定山渓国道を意識してきた。
40年以上前に先輩たちが築いた道路と
張り合うのも変な話だが、
今の道路は規格では勝っても、
設計理念の崇高さ、造形の見事さ、
自然環境との調和などで、
これを超えることがなかなかできない。
この道路は私に技術者魂を教え、
活力を与えてくれる最も身近な教材であり、
ある意味でライバルなのだ。

写真1　旧道から見た定山渓国道

古びない道づくりの教科書

「定山渓国道」とは、昭和44年（1969年）に開通した国道230号の札幌市定山渓から中山峠までの17・4㎞区間を指す。明治2年（1869年）に、東本願寺の門主、現如上人大谷光瑩によって開かれたことでも知られている。道路屋の言葉で道路が描くラインを「線形」というが、定山渓国道はこの線形が素晴らしい。また橋やトンネルなどの道路構造物も美しい。

職場の先輩たちが若かりし頃につくった道路として認識してはいたが、私にとって特別な存在になったのは、18年前、ふとしたきっかけで、定山渓国道の設計者に詳しくお話を伺う機会を得てからである。

以来、仲間とともに今も残る構造物を調べ、関係者のヒアリングを重ねてきた。そしてこの道路が、当時のわが国では他に類をみない独創的な試みを数多く行った道路だとわかったのだ。

道路建設に精通し、かつ風景の目利きでもあった技術者が精魂込めてつくった道路は、建設後40年を経過しているのに大がかりな改修工事を必要とせず、それでも道都札幌と道南地方を結ぶ大動脈として機能し続けている。時代を経ても古びない設計内容は、今なお

写真2　山腹に埋もれるように存在する薄別回廊

道路技術者にさまざまな示唆を与える力を持っている。

定山渓国道をつくったのは、札幌開発建設部定山渓道路改良事業所の大谷光信所長と、彼が率いる平均年齢26歳という若い技術職員たちだった。昭和40年代になると、開発建設部直営の設計は少なくなり、橋梁などの構造物の設計はコンサルタントに委託するのが普通だったのだが、この事業所では作業の大部分を事業所で行っていたという。

改良前の定山渓国道は〝魔の山道〟といわれていた。途中の峠道はわずか8キロの間にカーブが128もあり、冬期は通行止めだった。また、地質も特殊で、空気に触れると膨張する性質があったため、できるだけ地形を変えない設計が望まれた。

そこで、設計の基本は、冬も安全に通行できること、複雑な地質を構造技術で克服すること、支笏洞爺国立公園にふさわしい美しい道路にすることの3点であった。

雪国道路の原点で頂点

設計者の大谷には、道路の良し悪しは線形で決まるという信念があった。

パイロット道路（先導的に設ける仮設道路）によって地形を入念に確認しながら、可能な限り地形の改変を抑えるように線形の微調整を行ったが、どうにも満足できない。

円と直線だけでは満足な線形が描けないと考えた大谷は、クロソイド曲線という当時日本でもほとんど例のない曲線を導入した。これは巻き貝のようにだんだんと中心に巻き込まれていく曲線で、自動車がハンドルを切るときにできる曲線と一致することから、ドイツのアウトバーンに世界で最初に用いられた。日本では、群馬県と新潟県を結ぶ三国峠に初めて用いられ、北海道では定山渓国道が全線で用いられた初めての道となった。

道路用地を広めに借りて試行錯誤を行い、完成後に未使用地を返却したこともユニークな方法だった。道路予定地が御料地だったからできたことだが、線形に対する大谷の執念を物語る。

さて、クロソイド曲線の採用によって安全で運転しやすい理想的な線形が得られたが、理想

写真3　伸びやかに弧を描く無意根大橋

写真4　進入しやすく美しい定山渓トンネルのルーバー

写真5　落雪対策と視距確保のために独特の造形となった薄別トンネル

を通そうとすると、無意根《むいね》渓谷にカーブする橋を設けなければならなくなってしまった。橋を越えても、斜面からの落石・落雪を防ぐための覆道やトンネルなどの特殊構造物が連続する。

こうして「五径間連続曲線鋼箱桁《ごけいかんれんぞくきょくせんこうはこげた》」という当時では珍しい形式の「無意根大橋」が生まれた（写真3）。初期コストはかかるものの長期的に見ると橋を渡す方がコスト面でも勝る、そして何よりも無意根渓谷の美しい景観を楽しめる、という判断だった。

続く落雪地帯をどう乗り越えたか。なにしろ標高300m〜800mの山岳地で、積雪は4mにもなる。海外の文献なども参考に抜本的な冬期交通対策を求めて職員が一丸となって創意工夫を繰り返した。

ルーバー（落雪と吹き溜まりを防ぐためのシェルター）を設けた定山渓トンネル坑門（写真4）、地形になじむ片持式の仙境覆道《せんきょうふくどう》（柱がないので除雪しやすく眺望もよい）、雪崩を切り裂く構造の薄別《うすべつ》トンネル坑門（カーブの先がよく見えるように造形した結果、ワニ口のようになった＝（写真5））などの本邦初の造形はこうして誕生した。

山を崩す場合は、可能な限り勾配をゆるくし、周囲の樹木が再生しやすいようにした。完成後40年を経た現在、勾配は樹木で覆われ、周辺の緑と実によく調和している（写真6）。両側を切り崩す場合は、谷側をゆるくした。吹き溜まりを防ぐためである。道路の雪対策

写真6　緩傾斜で切ったのり面は既に樹林が回復している。低速車が譲れるよう左の車線が広くなっている

は、後に風洞実験が設計に導入されて大きく進歩したが、定山渓国道の設計は風を意識した雪対策の始まりでもあった。

　これだけではない。区間全体の擁壁には現地で発生した石材を貼り付けて意匠を統一し、さらに端部に丸み（ラウンディング）をつけた。道路脇の排水溝にも石材を活用し、脱輪しても安全な皿型側溝としている（写真7）。

　後に北海道の道づくりに用いられる多種多様な道路技術のすべてがここに揃っている。造形や造園を専門とするデザイナーに頼ることなく、線形はもとより構造物も土工も植栽も、すべて大谷の指導で若手エンジニアが行ったのである。

受け継がれる道づくりの哲学

大谷のポリシーは「道路は公園のようでなければならない」というものだった。これは師と仰ぐ高橋敏五郎・札幌開発建設部長から授かった言葉である。

高橋敏五郎は、明治39年、山形県に生まれ、北大工学部から道庁土木部に入った道路技術者。昭和27年、GHQ（連合軍総司令部）の指令で札幌と千歳を結ぶ札幌千歳間道路、通称「弾丸道路」をつくったことで一躍名を馳せた技術者だ。

GHQが高橋たちに与えた建設期間はわずか1年。しかも当時の北海道ではほとんど普及していなかった舗装を全線に施せという難題だった。これを高橋は、工事の機械化と合理的な設

写真7　現地発生材を活用した皿型側溝
レーンを外れた車に注意を与える効果もある

計によって乗り越える。このとき、高橋が当時の主流だったコンクリート舗装ではなくアスファルト舗装を行ったことが、日本の舗装道路をアスファルトに変える端緒となった。

こうして高橋は「道路の神様」とよばれるようになり、昭和33年には、日本で最初の高速道路である名神高速道路の建設に招かれた。

定山渓国道の大谷所長は昭和3年の生まれで、道庁土木部に入庁後、札幌開発建設部に配属され、完成後の弾丸道路の維持管理を担当した。当時、札幌開発建設部長だった高橋が弾丸道路を訪れるとき、案内役を仰せつかることが多く、道中、高橋は若い大谷に道づくりの精神を説いたのだ。

「大谷君、道路は公園と同じで、通ることによって心が和むようにつくられ、維持されなければならないんだ。乱暴なドライバーが破壊しても根気

写真8　今も残る弾丸道路の一部（旧国道36号線、島松沢付近）

よく直し、美しさを保つようにしなさい。例えばいま路肩にU字溝を入れているが、これは見苦しく、そして危ない。皿型側溝などにして路肩いっぱい道路が使え、通る人が安心できるようにしなさい」

定山渓国道には建設当初から一部区間に今でいう追い越し車線が設けられていた。さらにこの道は対向車が必ず75m先で発見されるようにできている。ドライバーが安心して、気持ちよく走れること、それも道路の美しさである。

定山渓国道を見ると、景観整備と環境保全をワンセットにした〝ランドスケープ・デザインの視座〟を感じる。それは高橋敏五郎の薫陶を受けた大谷光信所長の道づくりの哲学だった。

完成後、定山渓国道の設計・施工に携わった若い技術陣は、大雪道路、支笏道路など各地の山岳道路やオリンピックを控えた札幌の大動脈となる札幌新道の建設事業を担うこととなった。各地に残る施設からは、良好な景観を創出することで地域文化の形成に貢献しようという定山渓国道と同じ設計思想が感じられる（写真9）。大谷もまた大勢の技術者に影響を与えたのであった。

定山渓国道は、事業計画・設計・施工のすべてをひとりで語れる技術者が監督し、若手技術者が存分に力を発揮できる環境を整えることで創出されたものであった。

写真9　仙境覆道と同じ片持ち形式の覆道はこの層雲峡覆道だけが建設された。国道39号のバイパスが完成し、現在は滝を見る専用道路になっている

写真10　時には自分が若い頃に設計した橋に出会う。若手に解説し、苦労話もするが、楽しいのは「今ならどうするか」というディスカッション。彼らの大胆な意見に一喜一憂。写真は国道278号原口大橋（松前町）

ひるがえって現代の私たちの設計環境はどうだろうか。分業化が進み、技術の目利き、風景の目利きが事業の全工程をつぶさに監督することは難しくなってきた。いや、それよりも重大なのは、次世代の目利きをどう育てるか、である。

最近、休日に若手を誘って道路・橋梁をよく見に行くようにしている（写真10）。定山渓国道のような先輩エンジニアの技術思想を学びとることと、新技術開発や新風景の創造を徹底的に奨励することに期待をかけているからだ。「習いは古きに、創意は新しきを」を実践しようというわけである。

（道路緑化保全協会「道路と自然」２００３年８月号に掲載したものを改稿）

Ⅲ-2 風景を読み解く。ランドスケープ・デザインの世界

大塚 英典

私は造園屋である。屋外空間の計画や設計を専門としている。
近年は、ランドスケープ・デザインといわれることが多くなった。
「ランド」は土地、地域、地圏、国土、「スケープ」は景観と訳される。
つまり、風景となる環境づくりを考えるのが私の仕事である。
風景とは、風土とそれにより培われた生活や産業、
文化によって形成されているものだと考えている。
ゆえに、風景には固有の特色があると考える。
その特色につながる「こと」や「もの」を継承することが、
その土地らしい風景、
その地域らしい風景を生み出すことにつながるのだと思う。
だから、ランドスケープの技術者は、地域の自然や歴史、文化を調べ、
風景の成り立ちを読み解き、地域の特性を引き継ぐことにこだわる。
日ごろ親しんでいる公園や道路、川などの
環境がどのような考えを巡らせながら計画されているのかを、
私の経験を交えながら紹介する。
興味を抱いていただけたらうれしい。

写真1　札幌芸術の森

同じ色でも地域で見え方が違う

同じ色が、地域によって違う色に見えることをご存じだろうか。

日本の色彩学の草分けである佐藤邦夫さんの著書『風土色と嗜好色』（青娥書房・1986年）に、ライターの炎の色についての記述がある。

「北海道の摩周湖を訪れた時、何気なく煙草をくわえて火をつけようとした。すると、眼前のライターの炎の色が紫っぽいマゼンタ色に変わっていた。もしかしてライターの具合が悪く不完全燃焼しているのかと疑った。翌年、鹿児島県の南端にある長崎鼻の岬に立った時、また煙草に火をつけようとした。すると、今度はライターの炎が見えないのである。よく見ると、根元の所だけわずかに青い炎が動いている。大部分の朱赤の炎が見えないまま、ちゃんと煙草に火はつくのである」

佐藤氏は自分の体験を元に、ライターの炎の色が北海道と鹿児島では違って見えることを紹介している。

太陽光線のうち人間の目で見える可視光線は、波長の短い順番に、紫、青、緑、黄、橙、赤の色に分類することができる。光の色の違いを表すのにｋ（ケルビン）を単位とする「色温度」という数値が用いられている。色温度は紫の方が高く、赤が最も低い数値となる。

太陽光が地球の大気を通ると空気中の粒子や塵埃と衝突し、波長の短い光から順に砕け散る。南極や北極に近づくほど斜めに光が差し、太陽光は大気圏を通過する距離が長くなるので、波長の短い光が砕け、色温度が高くなる。これに対し、垂直に近く光が差し込む赤道地帯では太陽光は大気を通過する時間が短く、色温度の低い自然光になっている。

佐藤氏が正午の北天光の測定値を基にモデル化した数値によると、北緯43度、札幌あたりの色温度は６８００k。一方、北緯26度、那覇あたりの色温度は４２００kで白色・温白色の蛍光灯に近い色となっている。北海道では紫〜青の色が、沖縄では黄〜赤の色がくっきりと見える傾向がある。これに照度、気温、湿度、日照時間、土の色などの要素が加わり、北国では寒色系を好み、南国では暖色系を好むという違いがあるようだ。

さて、ここで光と色の関係を考えてみたい。野菜売り場では、リンゴやミカンをおいしそうに見せるため、黄色や赤が映える色温度の低い照明で照らされることが多い。一方、海産物売り場では、新鮮さが際立つように青みの強い色温度の高い照明を使用している。

屋外空間も同じように考えることができる。緑の多い公園では、水銀灯などの色温度の高い照明を使用すると、木の葉や芝生の緑がすっきりと見える。最近の照明ランプには色温度が表示されている。暖色系の色の部屋には色温度の低いランプ、寒色系の色の部屋には色温度の高いランプがなじみやすい。

公共空間では、景観に配慮した色として茶色が重宝されている。では、茶色に塗った電柱、街灯、防護柵などは、全国どこでも本当に地域の風景に調和するのだろうか。

昼光の色温度の高い高緯度地域、青みの強い葉のエゾマツやトドマツの木が多い樹林地帯、茶系色の少ない街並みでは、調和しているとはいいがたいように思う。

札幌に近い支笏湖と定山渓周辺の国道では、橋の高欄に青みのある色を塗装している。従来は茶色だったが、北海道開発局、環境省、有識者による検討会で協議して変更した。

平成17年（2005年）に景観法が施行されて以来、地域の色彩傾向を分析して、建築物や工作物、屋外広告物などの色彩コントロールに取り組む自治体が増えている。地域景観において色彩の影響は大きいと思うので、この取り組みが推進されることを期待している。

ランドスケープは四次元の世界

このようにだれにも同じに見える日光ひとつとっても、そこには地域特性がある。ランドスケープ技術者は、土地の資質を生かすことを第一に考え、地形と植生を最も重視する。地形と植生には地域の連続性がある。それを崩すと地域の景観に違和感を生じさせることがあるので、大きな改変はできるだけ避けたい。そのため、地形の造成は、既存の地形に馴染ませるように、三次元で立体的に分析検討する。

地形と植生を考えるとき、動植物についても配慮が必要だ。保護が必要な動物の生息環境については保全を前提に考え、植生については、その植生が形成されるために要する時間を考慮して評価する。裸地になった土地が元の樹林になるためには膨大な時間がかかる。草本類が生え、ヤナギ類やハギ、シラカンバなどの先駆的な樹木が侵入し、それが樹林になり、徐々に元の樹種の森に遷移する。樹木を植えて森づくりをするとしても成長して森になるまでには相当の年数を要する。

ランドスケープは、対象となる土地の特徴を三次元で評価するのとあわせて、時間的な要素を加えて植生を見ることから、四次元の世界だと思っている。

地形と植生の扱い方の事例として、札幌芸術の森の施設配置計画を紹介したい。札幌市南区にある「札幌芸術の森」は、札幌市が美術、工芸、音楽などの芸術文化活動の拠点として整備した都市公園である。私は、昭和58年（1983年）の基本構想の策定から参加し、設計、施工管理など、平成11年の事業完了まで関わることができた。

札幌芸術の森は、真駒内川沿いの細長い平地と丘陵の約40haの土地にある。農地と火山灰の採取や土捨て場に利用されている場所以外は、薪や炭焼きなどのために何度も伐られた後の若い樹木の多い二次林だった。この二次林は、貴重な自然というほどではないにしろ、大切な資源である。樹木を植えて育てることに比べれば、そこまで成長した年月には大きな価値がある。

地形と植生の改変を最小限に抑えながら施設を整備するために、敷地全体を「面的な利用を避ける保全ゾーン」「大規模な施設整備は避けるが面的な利用を検討する屋外利用ゾーン」「施設整備や屋外利用を積極的に行うゾーン」に区分した。

樹木が生い茂った森と急傾斜地は、施設を整備すると樹木の伐採面積や地形の改変面積が大きくなるので「面的な利用を避ける保全ゾーン」とした。反対に「施設整備や屋外利用を積極的に行うゾーン」は、土地の改変が小さくて済む、「10％以下の緩傾斜地で、草地もしくは裸地の場所」とした。

真駒内川の河岸段丘地形のため、上部の「センター棟」と下部の「工芸広場」には22ｍの標高差がある。それを結ぶ歩行動線は、既存樹木を伐採しないようにするため、樹木が少ない地形の低みを利用した。ここには、開拓農家が大切に育てていたエゾヤマザクラやヤマモミジなどの樹木があった。これらを土地の歴史を伝える貴重な遺産として残すために、一本一本の位置を測量して押さえ、樹木が残るようにつづら折れの階段を設計した。

「野外彫刻美術館」の樹林内の園路は、樹木の伐採を避けるために、地形図を基に概略のルートを設定してから現地を歩き、樹木を縫うように最終ルートを設定した。笹を刈っ

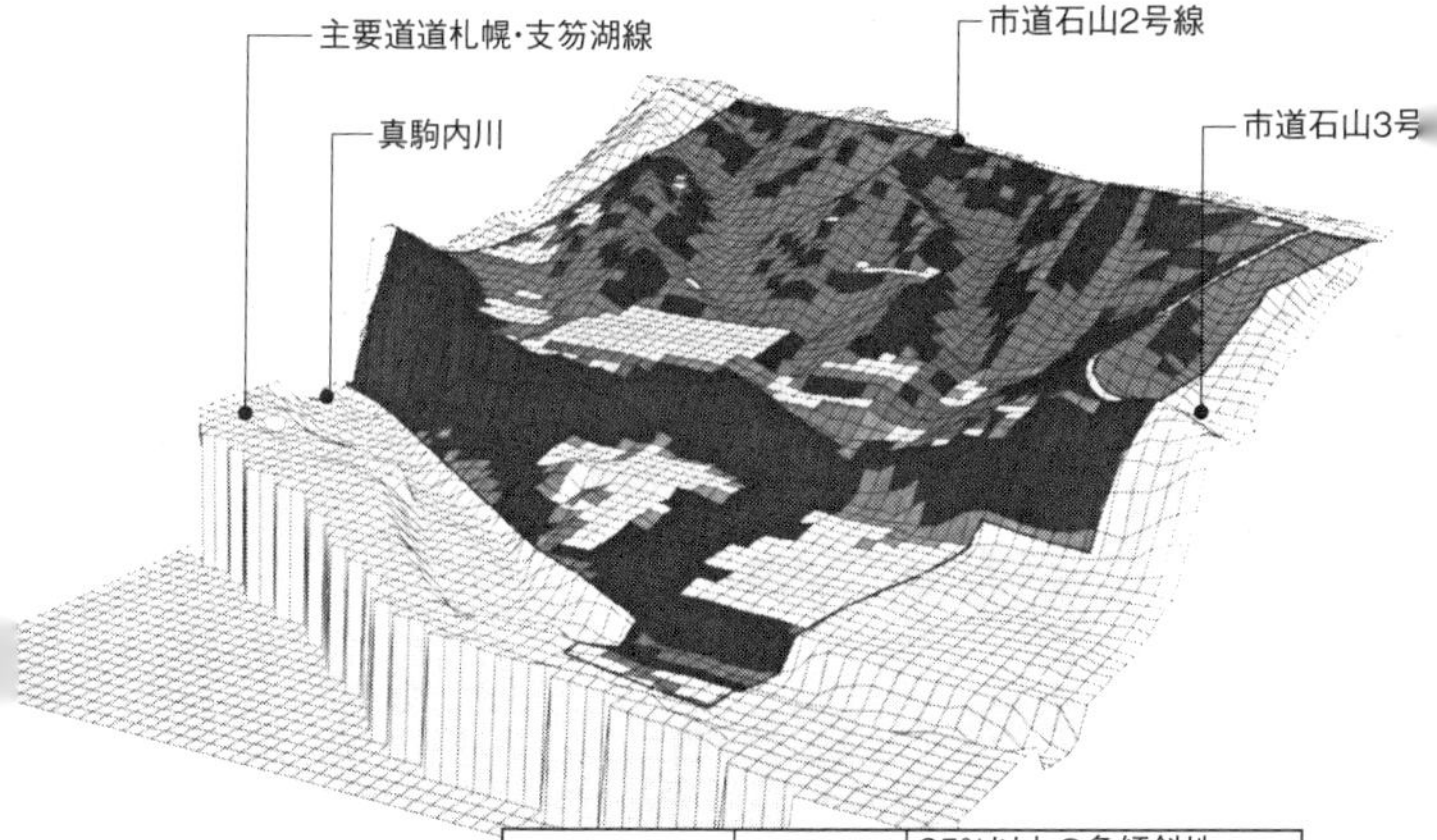
主要道道札幌・支笏湖線
市道石山2号線
真駒内川
市道石山3号

保全ゾーン		35%以上の急傾斜地
		密生林・大径木
屋外利用ゾーン		10%−35%の傾斜地
		密生林−中・小径木　疎林
施設あるいは屋外利用ゾーン		10%以下の緩傾斜地
		裸地・草地

図1　札幌芸術の森
第1期整備土地利用方針図（1984年）

写真2　札幌芸術の森
樹木を伐らずに整備したつづら折れの階段

ただけで高木はほとんど伐採していない。

札幌芸術の森の建設では、地形の改変や樹林の伐採を最小限に抑えている。伐った樹木より、植えた樹木の方がはるかに多い。そのため、開園当初からもともとあった景観と違和感がなく、風景に馴染んだ仕上がりとすることができたと思っている。

自然は自然のままに

ランドスケープにおいて自然は重要なテーマであり、その利用、保全、再生がさまざまな場面で取り組まれている。

かつて、自然は「じねん」と発音されるのが一般的であった。「Ｎａｔｕｒｅ」の日本語訳として「自然」をあて、「しぜん」と発音するようになったと言われている。元々の自然の意味は「おのずからしかり」である。非常に的を射た言葉をあてたものだと感心する。自然はおのずから変化する。自然環境に手を加えるときは、自然がどのように変化するのかを読み解くことが大切だ。

自然環境は、ほぼすべての場合に考慮しなければならない重要な環境要素であるが、その中でも改変による影響が大きく、慎重に対応しなければならないのが河川である。

河川の改修では、河川技術者が水理計算を行い改修のための形状を検討するのだが、自然環境や親水空間、河川景観の計画をランドスケープ技術者が担当することは多い。

川のランドスケープでは、「地域の人が自然に親しみ、自然の楽しさや恐ろしさを学びながら、自然を知ることのできる川づくり」を目指すべきだと思っている。周辺施設や土地利用との関係を踏まえて河川環境の目標像を検討するのだが、最も重要なのは生物の生息・生育環境の保全と復元である。これができなければ、自然と親しむことも実現しない。

河川改修した川も、人工的な水路ではなく、川がおのずからの流れで瀬や淵を形成し、自然の力で変化する生きた川でありたい。そのためには、岩盤や河原を極力残すこと、河岸の傾斜に変化を

写真3　人工的な流路をつくっても川はおのずから変化する

写真4　厚別川
凹凸や空隙のある護岸は自然に近い環境となる
（国営滝野すずらん丘陵公園内1980年施工）

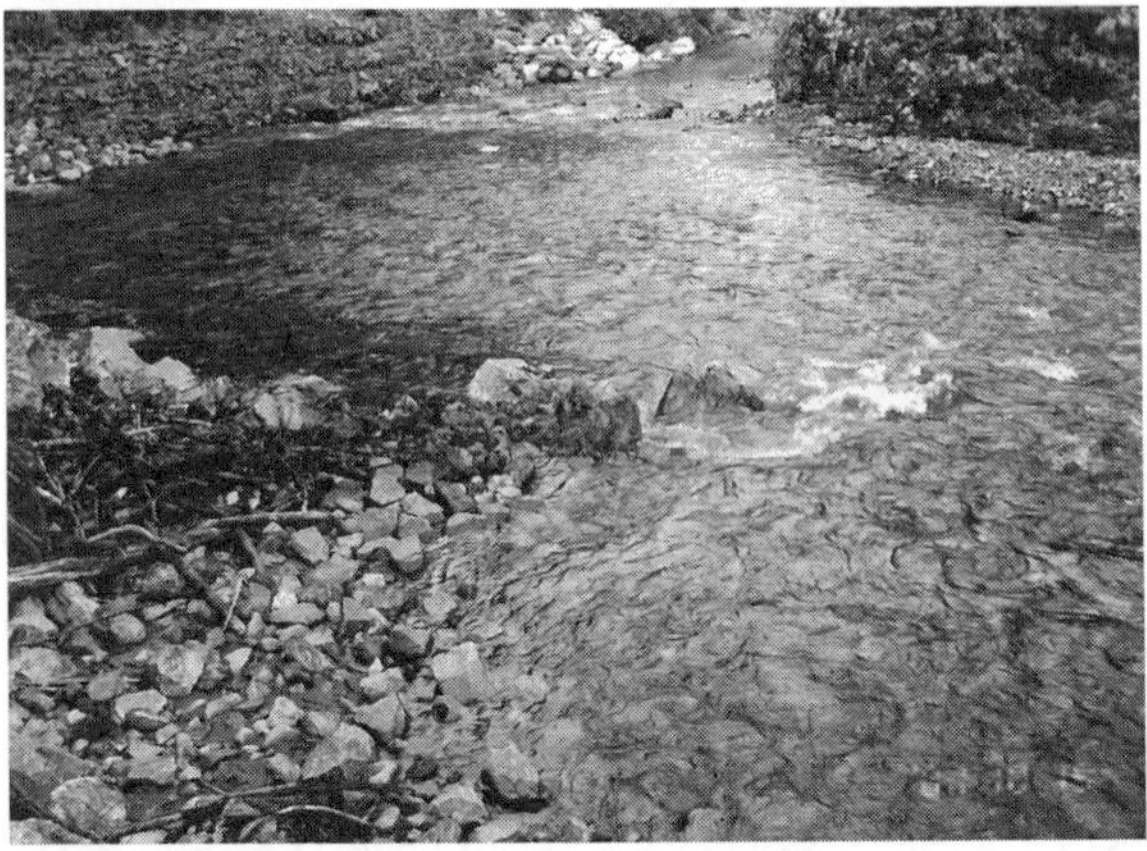

写真5　上ノ国ダム
固定点をつくると流れが環境を多様にする（下流河道2001年施工）

与えること、自然石などで凹凸のある水際をつくることなど、既存の環境を生かしながら多様な環境をつくりたい。陸域も周囲の自然と同化する環境とするため、河川沿いの樹林や草地を極力残すこと、水が浸透する護岸構造とすること、自然植生の復元を促進することに取り組みたい。

張芝や種子吹付けをして公園と同じような芝生の河岸にしている状況も見られるが、芝生はマット状に根を張るので他の植物が侵入しづらくなり、植生の遷移を著しく阻害する。自然植生の復元を目指す場所では芝生にすることは避けたい。

親水空間の整備も、川の特性を十分に理解して取り組みたい。川に入って遊ぶ場所にするのは、曲線部の内側にある川原が一番よい。流れが緩く、急に深くなることもなく安心して楽しめるからだ。曲線の外側は、流れが早く、深く掘られてしまうことが多いことから水辺を利用するには危険なので、生物の生息環境を重視する方が適当だと思う。

川の環境を知るには、川の流れを知ってほしいと思う。川の流れは、川の中を歩いたり、流れてみるとよくわかる。ライフジャケットをつけて流れると、瀬や淵のようす、流れの強さ、深さによって流れの速さが違うことが体感できて面白い。川幅のある川では、カヌーやゴムボートに乗るとよい。川の流れの方向と強さがよくわかる。

川のランドスケープの考え方を少々紹介した。面白い発見があるかもしれないので、新たな視点で身近な川を眺めてみてほしい。

街の様式を引き継ぐ

街の風景には風土とそれに培われた産業や生活文化が色濃く反映されており、地域ごとに様式のようなものが少なからずある。それは、使われている材料や色彩、建物の形、植物などに見出すことができる。街のランドスケープでは、その街の様式を読み解き、引き継ぐことが大切だと考えている。

では具体的にどのようなことを考えるのかを、私が経験した小樽の事例で紹介したい。小樽は、北海道開拓の玄関口として位置づけられ、幌内炭鉱から産出した石炭の積み出しを目的に明治13年（1880年）に鉄道が敷設されるなど、明治時代に急速に近代化した街である。明治22年に特別輸出港に指定されてから国内外の海運業が盛んになり、太平洋戦争前の昭和初期まで国内有数の繁栄を誇った。明治から昭和初期に建設された銀行や商家の歴史的建造物が独特の街並みを形成しており、明治時代に大火を経験したことから耐火性の高い石造倉庫が盛んに建設され市内各所に残っている。市街地中心部では、大火後に火防線が設定され、街の骨格が形成されている。火防線は海岸線を基軸としたグリッド状の大通りとして整備されたことから、JR小樽駅から港までまっすぐな道でつながっているように、主要な通りは港が見える坂道となっていることが多い。これが「坂と港の街」といわれるゆえんである。

小樽運河は、小樽市街地のシンボルとして知られる。市街地中心部に位置する区間は、道路整備と合わせて再整備され、散策路や広場は観光客で賑わっている。

古い話になるが、私はその修景計画を担当した。昭和58年のことである。この仕事は、それまでに立案された計画やデザインを再整理し、各施設の詳細を検討するものだった。既存計画に沿いながら、散策路は御影石の銀杏張り、護岸は既存と同じ小樽産石材（張碓石）、高欄と街路灯は地場産業も考慮して鋳物製とした。最

図2　小樽運河
修景計画で描いた整備イメージ図（1983年）

も悩んだのが高欄と照明灯の色彩だった。既存計画はすべて白黒の資料だったのだ。

当時、景観に配慮するといえば茶色が定番だった。しかし、どうもしっくりとこない。そこで小樽の街で使われている色を歩いて調べた。そんなある日、日本銀行小樽支店（現・日本銀行旧小樽支店金融資料館）の銅葺き屋根の緑青の色が目にとまった。それから改めて小樽の街を見回してみると、古い建物では窓の鉄扉に明度の高い青緑色が使われていることが多いとわかった。私は、その色が洋風の歴史的建造物や札幌軟石の倉庫の街並みに合っていると確信して、青緑色にすることを提案した。

最終的に、高欄は小樽在住の彫刻家である鈴木吾郎さんのデザイン、ガス灯は公募で選ばれた池田司さんのデザインが採用され、ブロンズ製で、小樽の鋳物工場で製作された。

これ以降、小樽市の指導もあり、青緑色が小樽の定番色として各所に使われている。提案した色彩が市街地景観の適度な統一に効果を発揮していることをうれしく感じている。

私は幸運にも、運河と並ぶ観光の中心地である堺町本通の改修設計にも参加することができた。堺町本通は、かつて北のウォール街とよばれた旧銀行街とつながる商家街で、歴史的建造物が建ち並び、景観条例による特別景観形成地区に指定されていた。観光客が増加したが、古い街なので道路幅が12ｍ程度しかない区間も多く、歴史的建造物を保全しながら二車線道路と歩道を確保するのは不可能であった。そのため、一方通行化による改良が検討され、平成11年2月に工事が完了して現在の姿になっている。

歴史的街並みとの調和を考え、歩道舗装は石畳にしたかった。やはり年月の経過とともに味わいが深まる自然石が似合うと思ったのだ。できれば地場の石材を使いたい。しかし、運河をはじめ市内の石垣に使われた小樽産石材（張碓石）はすでに生産されていなかった。せめて道内の石材を使いたいと、縁石は壮瞥産硬石にしたが、舗装は費用の理由で中国産御影石を採用することになった。

街路灯は、小樽運河のガス灯とイメージを統一したかった。ガス灯の鋳型を利用したデザインを検討し、ブロンズは高価なのでアルミ鋳物で製作することにした。ランプも、ガス灯の明かりに近い色合いの高演色形ナトリウムランプとした。街並みでは建物のスカイラインを尊重したい。街の輪郭からはみ出るものは、街並みのリズムを壊すからだ。歩行者の視点で街路灯が建物より高く見えないように、高さは５ｍとした。

一番悩んだのは街路樹をどうするかである。街に彩りを添えるために街路樹を植えたいと考える人は多い。しかし、街路樹は、街並みを隠してしまうこともあり、十分な空間がなければ健全に育てることもできないので、植樹は慎重に考えるべきだと思っている。堺町本通では、歴史的建造物の街並みが魅力であり、道幅も狭いことから街路樹は植えないこととした。ただし、広場では、歴史的建造物の見え方に配慮しながらベンチ付きの植樹桝を設け、四季の彩りが美しい郷土の樹木を植えることにした。

　地域住民からの要請もあり交差点部の広場にモニュメントを設置した。広場の場所は運上屋（松前藩の税関）のあったところだ。江戸時代の舟入澗（港）で、夜間の入港のために常夜灯（灯台）が置かれていたそうだ。

　この常夜灯をモチーフに、石造倉庫と同じ札幌軟石と、緑青仕上げした真ちゅうを使ってデザインすることにした。待ち合わせや記念写真撮影の場になることを期待して、ベンチとしても利用できるようにした。

　以上、小樽の事例を紹介したが、街のランドスケープの考え方は、地域が異なっても基本はさほど変わらないと思う。

「図」と「地」という考え方がある。例えば、

写真6　小樽堺町本通
店舗前に広場を設けたり植物を植える店も増えた

写真7　小樽堺町本通
モニュメントを置いた交差点部の広場

モニュメントを「図」とすれば、その背景に見える街並みなどは「地」として位置づけられる。私は、ランドスケープ・デザインの基本は「地」のデザインだと考えている。そして、私が「図」と考えるのは「人」である。
　人々が生き生きとして見える舞台を設計することがランドスケープの仕事だと思っている。

［参考文献］佐藤邦夫「風土色と嗜好色」（青娥書房・1986年9月）／北海道土木協会「街の再生をめざして──小樽臨港線建設の記録──」（1989年12月）

Ⅲ－3
どうしようもなく上富《かみふ》が好き。
上富良野町都市マス物語

幅田 雅喜

「新しい公共」という言葉がある。

福祉、教育、環境などの公共サービスは、役場や役所などの公共機関が一方通行で住民に提供するものだと思われてきた。

ところが「新しい公共」の考え方では、住民は受け取るだけではなく、公共サービスの提供者にもなるのだ。

「新しい公共」は、21世紀型のまちづくりとして注目されているが、その芽吹きをさぐると90年代の後半、まちづくり計画に住民が参加し始めた時代にたどりつく。

ここは平成12年の北海道上富良野町のJR駅前。

「都市計画マスタープラン」の策定を通してまちづくりに参加した住民たちが、行政の抵抗をはね除け、駅前広場のアスファルトを剥がして自らの手で花壇をつくったばかり。

まちづくりの源流を探るために、時間旅行しよう。

写真1　住民参加の都市計画マスタープランから生まれた上富良野町駅前花壇

まちづくり即興劇

物語は「都市計画マスタープラン」（都市マス）の策定に住民代表が参加したことから始まる。

「都市マス」とは、都市計画法第18条に位置づけられた「市町村の都市計画に関する基本的な方針」の通称である。端的にいえば、まち全体をどうしていくのか、とりわけ都市の機能と空間づくりをどうするのか定めたものだ。通常は、土地利用、道路、公園等の整備方針が描かれ、これらに基づいて、具体的な都市計画の規制や事業が行われる。以前は役所が策定していたが、平成4年（1992年）の法改正により、住民参加が義務付けられた。

平成10年6月のことだ。上富良野町からの委託を受けて、私たちは、「上富良野町都市計画マスタープラン」の取りまとめの裏方として、これに加わった。

都市マスの手始めとして、上富良野町では住民参加の受け皿となる「まちづくり委員会」を立ち上げた。委員に選ばれたのは、各種団体の推薦者3名、一般公募7名の合計10名だった。一般公募は、応募者多数のため、年齢・性別・作文で選考。結果として、男女5名ずつ、年齢も20代から60代までの多様なメンバー構成となった。

公募で選ばれ、後に副委員長にもなったKさん（農家の主婦で当時65歳）の挨拶の言葉は「〝どうしようもなく上富《かみふ》が好き〟なんです。まちのために少しでもお役に立てればと思い参加しました」というもの。この言葉は、2年後に都市マスが完成するまで私の脳裏から離れず、結局、計画書の表紙のタイトルを飾ることになった。

当初、4～5回の開催予定だったまちづくり委員会は、最終的に11回も開催されたばかりか、都市マス完成後、本来の予定にはなかった「まちづくり実践活動第一弾（駅前花壇づくり）」に向けてさらに2回開催された。

どうしようもなく
上富が好き
上富良野町都市計画マスタープラン
平成12年3月　上富良野町

写真2　上富良野町都市計画マスタープラン
表紙のタイトルは住民委員の最初の挨拶の言葉から生まれた「どうしようもなく上富が好き」

奥深い価値に気づかせてくれるひとこと。役所からはけっして生まれないハッとする生活感覚。後ろ向きになった役場担当者にビシッと釘を刺す方。口先よりも行動派など、次から次へと役者が登場してきた。

まちづくりが動き出すようすは、まるで即興演劇を観ているようだった。

花は華

最初の頃の会議だった。M委員（地元でお店を経営。当時55歳）が、「まちづくりには〝花〟が大切だ。〝花〟は都市マスの重点テーマだ」と発言した。正直、私は疑問だった。

〝花〟はきれいだし、だれも文句は言わないだろう。でも、個人の趣味だから、やりたい人が勝手にやればいいんじゃないの？

初めは、そう思って聞いていた。花と都市計画がどうも創造的に結びつかなかったのだ。

確かに、上富良野のラベンダーは有名だ。観光戦略の一環として、ラベンダー園を拡げたり、バラ園をつくったりということはあるかもしれないが、本質的に〝花〟は、都市計画の重点テーマにならないと思っていた。しかし――

ガーデニングを始めたあの家、夫婦で庭づくりをすることから会話が生まれ、定年離婚を免れたよ――。

テーブルで交わされる住民たちの議論を聞き込んでいく。するとけっして花を植えることが最終目的ではないことに気づかされていった。

例えば、自分の庭先や道路沿いで花づくりを楽しむ。その結果として、道歩く人をなごませ、花を通した会話が生まれる。ひいては地域の景観やコミュニティの醸成につながっ

写真3　笑顔がこぼれるまちづくり委員会の議論

ていく。さらにこのことが観光産業等の裾野を拡げ、心豊かな生活が拡がり、ますます〝上富良野をどうしようもなく好き〟になっていく。

　まちづくりは、「計画」と「実践」の両輪で動くものであり、その両輪をスムーズに回す「潤滑油的な仕掛け」が今日求められている。それが上富良野では〝花〟だったのだ。それはすなわち、〝花＝華《はな》〟のあるまちづくりを目指すことなのだ、と私は理解した。

　そこで計画書では、「花」を「華」と言い替え、まちづくりの精華（真価、真髄）として、華という言葉に、花を通して好循環のまちづくりを行う気持ちを込めてみた。

　このように、住民組織とともに〝上富らしいまちづくりって何だろう〟と暗中模索しつつ、自分たちが主体的に関わっていくことができる糸口を見出していく創造的発見の過程を目の当たりにしていくことは、非常に有意義な体験だった。

「おもてなし軸」の設定

都市マスの仕掛けとしてのテーマは〝華〟に決まった。では、これをどのように実際のまちづくりに反映させていけばよいのか。都市マスの住民議論は次のステージに進んだ。

上富良野では、まちづくりの頑張りどころとして、市街地に2つの軸を設けた。行政・福祉拠点を結んだ「コミュニティ軸」ともうひとつ「おもてなし軸」だ。

上富良野の華のまちづくりには〝もてなしの心〟が中心にある。都市マスのテーマをめぐる議論の中で、花を育て愛しむ気持ちをみなで突き詰めた結果、〝もてなしの心〟に行き着いた。そして、これを具体化したのが「おもてなし軸」（図1）なのだ。

「おもてなし軸」は、低地にあるJR上富良野駅を挟み、ラベンダーで知られた上富良野の代表的な景勝地「日の出公園」と市街地西側の丘陵地一帯の2つの拠点丘陵地を結ぶ上富良野の魅力アピール軸でもある。ラベンダー栽培の発祥地であるこのまちで〝華のあるまちづくり〟が進められていることが町民はもとより訪れる人にも実感できるような景

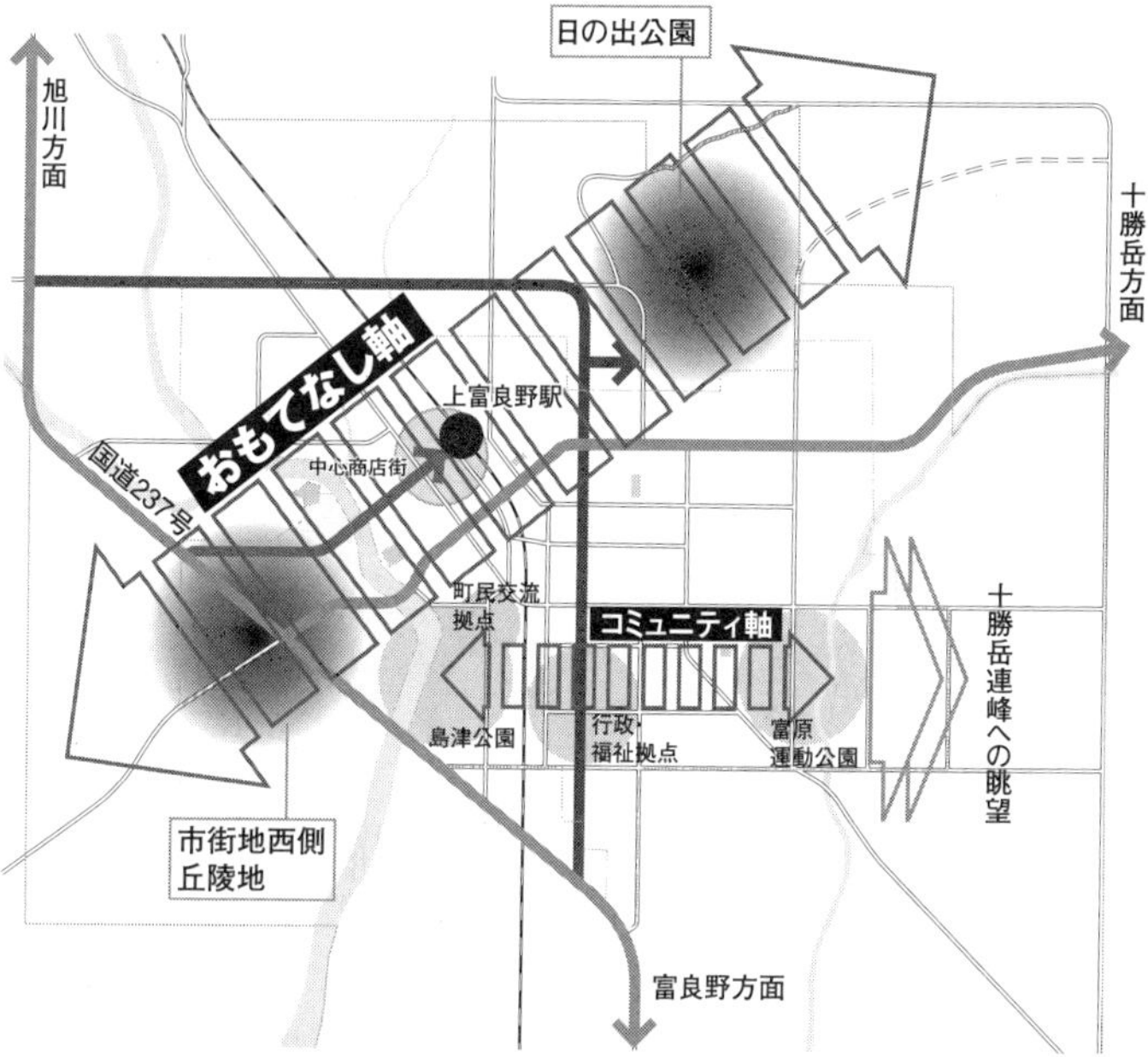

図1　上富良野町都市計画マスタープラン「おもてなし軸」

「軸」とは＝都市構造を形成する際の計画概念のひとつ。あるテーマに沿って、軸上（帯状）に関連する都市機能や景観を連続的に展開することによって、個性やイメージを強く打ち出し、魅力ある都市空間の創出や地域の愛着、活性化に寄与することをねらいとしている。

このなかで、「おもてなし軸」は、小高い日の出公園と市街地西側の丘陵地帯の2つの拠点丘陵地を結ぶ“上富の魅力アピール軸”であり、軸の中央に位置するJR上富良野駅は、駅を降りた瞬間から上富の世界に入っていくまちの顔として重要なポイントとなっている。

観形成を、この軸上で重点的に推進していこうと考えたのである。

つまり、上富良野の駅を降り立った瞬間から、上富ワールドに引き込まれてしまう。駅直近には「花と香りの広場」。目線を遠くに泳がせると富良野らしい2つの丘陵。そして2つの丘陵に至る美しい街路。さらにはその道すがら出会える商店街の活気や花の小径《こみち》。たまには、上富名物の豚サガリパーティが開催される。こんな華のある上富的な都市環境の形成を目指した。

「花」から踏み込んで「おもてなし」という、考え続ける価値のあるコンセプトを導いた結果、表面的だった議論がぐっと深くなっていった。

例えば、こんな議論が交わされた。

「駅を降りてから日の出公園までどうやって行ったらいいのですか？　とよく観光客にたずねられるけど、どうしたらいいだろうか」

そんな議論から、わかりやすい看板を立てよう、観光拠点を案内する総合的なサイン計画を立てようという話がひとしきり出された。もちろん、サイン計画は大事な施策である。しかし、〝上富良野らしいおもてなし〟って何だろうと立ち止まって問いかけると、決して看板を立てることだけが案内ではないことが見えてくる。

「駅から花伝いに歩いて行けば着きますよ、といえたら素敵だよね」とだれかが呟いた。

こうなるとまちづくり委員会の議論は、駅から日の出公園までの道すがら、道路沿いの家々にガーデニングの協力をお願いしてみよう、歩道はアスファルトでなく美化舗装にしてはどうか、といった方向に展開していく。肝心なのは、おもてなしの心に立ち、訪れた人を心地よくその場所までエスコートできるようになっているかどうかだ。

「おもてなし」というコンセプトの根っこは、「どうしようもなく上富が好き」というあの言葉だ。

もっともっと上富良野のよさを実感して暮らそうよ。十勝岳連峰を毎日眺められる幸せをかみしめようよ。そして、もっと多くの人に上富良野のよさを観てもらいましょうよ。そのときに、心を込めたおもてなしをすることがとても大切よね――。

このような思いが「おもてなし軸」の背景にある。

私たちコンサルタントの能力が最も問われるのは、このようなコンセプトの提示や計画内容の肝となる組み立てだ。住民の方々の発する言葉の背景、生活体験を丁寧に紡ぎ、計画の幹を見つけ構築していく。計画書はけっして言葉の寄せ集めではない。計画書案を読んでいただいたときに「私たちが本当にいいたかったことは、まさにこういうことだったんです」といわれるかどうかがコンサルタントの試金石なのだ。

都市計画コンサルタントが持つべき重要な能力のひとつとして「アウフヘーベン（止揚）」

する力がある。アウフヘーベンとは、矛盾や対立するように見える意見であっても、別な目線でとらえ直すことで、双方の考えをより高い次元で結びつける考え方だ。

まちをよくしようという気持ちが一致していれば、個々の意見がぶつかりあっても、必ず納得できる考えが見出される。議論を生み出さず、反対のない意見は大した発展を生まないものだ。矛盾、対立するところに重要なことが隠されている場合が多いのだ。

「お金をかけないで私たちがやる」

平成12年3月、まちづくり委員会は、上富良野町都市計画マスタープランを町長に答申して役割を終えた。普通ならば、計画ができた時点で委員会は解散だ。計画の実践は役場がさまざまな関係者と行っていくものである。しかし上富ではこれで終わらなかった。

都市マスの策定に関わった住民としては、目に見える成果を創ってみたいと思うことは当然だろう。委員会は、引き続きまちづくり活動の実践「おもてなしプロジェクト」に取り組んでいった。

その第一弾として、以前から「殺風景だ。ラベンダーのまちの玄関として恥ずかしい」といわれてきた上富良野駅前の寂しげな感じを何とか変えようという話になった。上富良野駅前は、住民たちが知恵を絞った都市マスの「おもてなし軸」の核だ。

「上富良野を訪れる人々に〝おもてなし〟の心を表現したい。駅を〝華のあるまちづくり〟の出発点にしたい」

住民たちは、駐車場となっている駅前のアスファルトを引っ剥がして花壇をつくろうと行政に働きかけた。

しかし、役場は抵抗した。遠からず駅前が本格的に整備される予定だから、花壇をつくることは無駄な投資になるという理由だった。それでも、まちづくり委員会のメンバーは引き下がらない。

「整備されるのは何年も先のこと。今のまま5年も6年も待っていられない。駅前はまちの象徴だ。お金が無駄というのならば、お金をかけないで私たちがやるので、なんとかやらせてほしい」

すごい！　この住民の迫力を目の当たりにした私は鳥肌が立った。

そして、まちづくり委員会の熱意は役場（町長）を動かし、ＪＲ北海道を動かしたのだ。

こうして駅前に花壇がつくられることになった。その後は、町民「もっとこうしたい」。役場「予算が足りないのでこれしかできない」。町民「いや、こうしたらできるのでは…」。委員会と行政との丁々発止の連続。

写真4　花壇づくりが始まる前のJR上富良野駅
駅前は殺風景な駐車場だった

それでも、花壇の土台にする枕木が格安で手に入り、たまたま別の工事で出た土が使えたりなど、委員会の人脈と偶然が重なり、住民の希望どおりに準備ができた。

平成12年6月6日、まちづくり委員会のメンバーが集まり、花植え作業の日を迎えた。好天だったが、そのことが花に詳しいメンバーにこう呟かせた。

「天気なのはうれしいけど、花にとっては雨が必要なのよね」

作業が終了した途端、なんと幸運にも降りだした雨。真新しい花壇がしっかりと花を受け止める。

住民と行政のパートナーシップの地固めを暗示しているかのようだった。

「もしかしたら神様も応援してくれたのね」とだれかが呟いた。

受け継がれるまちづくりの心

住民手づくりの駅前花壇。専門業者が施工する本格的な花壇とは比べるべくもない。それでもこの花壇は、華のあるまちづくりの確かな出発点となっていった。

駅前花壇ができた後、駅前から続く中心商店街では、ささやかながら花が植えられるようになった。さらにこれが発展し、お店の窓や入り口に、ちょっとしたお花スペースを設けて、おもてなしの心を表す取り組みが始まった。役場も、応援制度をつくり、住民による花のまちづくりの後押しを始めた。都市マス策定過程で、花のまちづくりを学ぶため、恵庭に視察旅行に行った住民たちは、フラワーマスターの認定を受けたり、自分たちで研修会を開催するなど、着実に身近な生活環境に

写真5　平成12年6月6日。住民の手で駅前に花壇が設けられた

うるおいを与える活動が広がっている。

都市マスの策定をもって終わりではなく、〝始まり〟にしたいという行政と住民の思いは、計画策定後に顕在化した財政難という逆風にも関わらず、着実に実を結びつつある。

平成17年、「おもてなし軸」上にある国道237号沿いに国の事業として十勝岳連峰が望める「島津駐車場」が整備された。そこを含む一帯は、都市マスで保全緑地に位置づけられた場所だ。早速、町は隣接地を公園用地として買い取り、平成18年に「見晴台公園」として整備し、町に誘うインフォメーションセンターもつくり、夏場はソフトドリンクやアイスを提供している。

財政の厳しい役場が見晴らしのために土地を購入することは、近年ではまれなことだ。場当たり的な考えではなく、住民とともにじっくりと練った全体計画に基づいているから説得力がある。

さらには平成19年から毎年、見晴台公園を会場にして、シーニックバイウェイ北海道『大雪・富良野ルート』の一環で雪のランドアート・ウィンターサーカスが開催されるようになった。

一方、「おもてなし軸」の中心に位置する駅前近くの銀座通りでは、歩道とともに街灯が整備され、平成20年から「町民ビアガーデン」が催されるようになった。もちろん、上

写真6　かみふらのスペシャル町民ビアガーデン

富名物豚サガリも提供される。ここの目玉は、「かみふらのプレミアムビール四季彩」だ。ビール麦とホップをともに生産している全国でも珍しい上富ではサッポロビールの協力を得て上富限定ビールを提供している。地場産品に直接触れ、生活者・生産者・活動者の交流と理解を深めるイベントだ。

遠からず整備されると語られた上富良野駅前の本格的な整備は、財政難の壁に阻まれいまだに実現されていないものの、駅前花壇は10年以上経った今でも当時のまちづくり委員会のメンバーによって維持されている。

ＪＲ上富良野駅前花壇。見た目の派手さはないが、住民主体の心ある美しいまちづくりの出発点だった。

まちづくりの今日と明日

建設コンサルタントにおいて、仕事として、地域住民とのコミュニケーションが求められてきたのはいつごろだろうか。

〝住民参加〟という言葉が世の中に出始めたのは昭和40年代といわれる。とりわけ「まちづくり」の分野で実践が積み重ねられてきた。計画行政で、住民参加が一気に普及したきっかけが、平成4年に改正された都市計画法だ。この中で「都市計画マスタープラン」の策定が義務付けられたことで、全国各地で住民参加の計画策定が進んだ。

不特定の市民の声をいかに計画に反映させるかという取り組みの中で、住民へのアンケートやヒアリングなどの従来型の手法に加え、参加者がお互いに議論し、創造的に解決する「ワークショップ」の手法が幅広く取り入れられるようになった。

上富良野の都市マスでは、約2年間の計画策定期間中、役場職員や町民との会議が30回以上行われ、タウンウォッチングやワークショップ、役場職員による即席のまちづくり劇団による都市計画制度の解説劇など、さまざまなコミュニケーション技術が実践された。この計画は、道内における住民参加によるまちづくり計画の参考例とされ、自治体職員研修などで紹介された。

当時の都市マスの役場担当者だったTさんは、使い込んでぼろぼろになった報告書を今でも開くという。作成したはよいが、本棚に積んだままで読まれることのない計画は実に多い。計画は継続的に実践されてこそ価値がある。上富良野で都市マスの考えが10年以上経た今でも脈々と実践されていることほど、計画策定でのプロセスの重要性を示すものはない。

この後、住民とのコミュニケーションを通じて多種多様の声を行政に反映させる手法が、都市計画ばかりではなく、福祉や環境、交通など多方面に広がっていった。また、NPO等による活動も活発になってきた。

私にとってそれらを進める基盤となったのが、上富良野での経験だった。ていねいで創造的な議論の積み重ね、さまざまな主体の巻き込み、価値と思いの共有が絶対条件。さらに、小さな成功体験が意欲と自信を加速させる。そのことを上富の都市マスは教えてくれた。

しかし今、まちづくりの夢を語るコミュニケーション技術だけでは限界を迎えようとしていると感じる。中心市街地ニギワイ隊、地域づくりモリアゲ隊、庁内作業部会、まちづくり委員会。住民を巻き込むさまざまな組織がつくられたが、総じていえば、みんなにとってよいことや楽しいことをいかにして実現していくか、住民の思いをいかにして引き出すかという、夢のある取り組みだった。

30年後には人口が半減するまちが出てくる。そんな厳しい時代に入った今、夢だけではまちづくりを語れなくなっていく。

人口が半分になってもまちの広さは同じ。道路・下水道、除雪・ごみ収集など、都市施設やサービスをいきなり半減にはできない。半分に減ってしまった人口、それ以下に落ち込む税収で、以前と同じ面積の市街地は維持できない。A地区からB地区へ住居を集約するという集落移転が現実問題となってくる。

肉を切らせて骨を断つといった〝まちたたみ〟がテーマになってくる時代には、これまでと次元の異なるコミュニケーション技術の上乗せが必要となるに違いない。なぜなら地域の持続のために、個人の利益・エゴは棄てて、自分より地域を優先する、みんなの利益の実現のために行動するといった、住民意識を高い次元に持ち上げていくことが求められてきているからだ。

だが、その実例は全国を探してもいまだに現れていない。それでも、その原点は、平成12年に自らの手を土まみれにしてアスファルトを剥がし、花壇をつくった住民たちの実践の中にきっとある。

Ⅳ

ソーシャルビジネスの扉をひらく

1　北からの挑戦。サイクルシェアリング「ポロクル」　澤　充隆

Ⅳ-1 北からの挑戦。サイクルシェアリング「ポロクル」

澤　充隆

札幌はまことに美しき北の都なり。
おほらかに静かにして、人の香よりは、
樹の香こそ勝りたれ。詩人の住むべき都会なり。

石川啄木が〝詩人の住むべき都会〟と謳った札幌の街角を、
平成22年夏、青と白の風がさっそうと駆け抜けた。
6月1日から9月30日までの4カ月間、
サイクルシェアリング実証実験「ポロクル」が札幌市内で行われ、
札幌のまちを元気にする新たな提案として注目を集めたのだ。
札幌とサイクルをかけ合わせた「ポロクル」。
このために用意した自転車100台の色は、
札幌の街並みに解け合う青と白。
それは、移動風景の再生とソーシャルビジネスの可能性を探る
ひとつの挑戦だった。

写真1　「ポロクル2010」で使われたオリジナルデザインの自転車

サイクルシェアリング実証実験

レンタサイクルとサイクルシェアリング、またはコミュニティサイクルとよばれるものとは、何が違うのか。

利用者から見た大きな違いは、借りた自転車の返し方にある。レンタサイクルでは借りた場所に戻すのが一般的。貸出場所と返却場所が同じであるため、Uターンせざるを得ず、その利用シーンは限られてしまう。これに対してサイクルシェアリングは、ポートとよばれる自転車の貸出返却拠点であれば、どこに自転車を返してもよい。

こうすることで、目的地近くのポートに自転車を乗り捨てることができるし、ポートの数が多いほど利用者は便利になる仕掛けだ。また、自転車を移動のためだけに使うこととなるため、たくさんの人が利用することができる。すなわちこれがシェアリング（共有）である。

こうしたものがこれまでなかったのは、料金の徴収や自転車の管理に膨大な手間がかかってしまうからだ。例えば、自転車を借りる場所と返す場所が違うと、自転車を借りようとポートに出向いても1台も自転車がない、あるいはポートに自転車がいっぱいで返却できないということも起こり得る。

図1　サイクルシェアリング実証実験「ポロクル2010」のリーフレット
ポロクルの利用は有料で、1カ月タイプ、1日タイプ、1回タイプの3タイプを用意した

こうした事態を防ぐために、ポロクルでは、運営スタッフがポートごとの自転車数を管理し、空になりかけているポートには他のポートから自転車を運んで補充する仕組みを導入した。18あるポートのすべてに人が張り付いて管理を行っていたのでは、コストがかかりすぎてしまう。このため、ポートごとの利用状況を携帯電話回線を通じて運営拠点に配信し、リアルタイムで管理できるようにした。

ポート数が増えるほど利用者は便利になるのだが、利用料金の計算や徴収は複雑になる。そこでポロクルではクレジットカードを使って決済を自動化した。

ポロクルを利用する際には、あらかじめ登録した専用ICカード、または「おサイフケータイ」をポートにかざし、ランプが光っているラックのボタンを押す。すると、自転車をとめてあるポートのロックが外れ使用可能となる。返すときもICカード、または

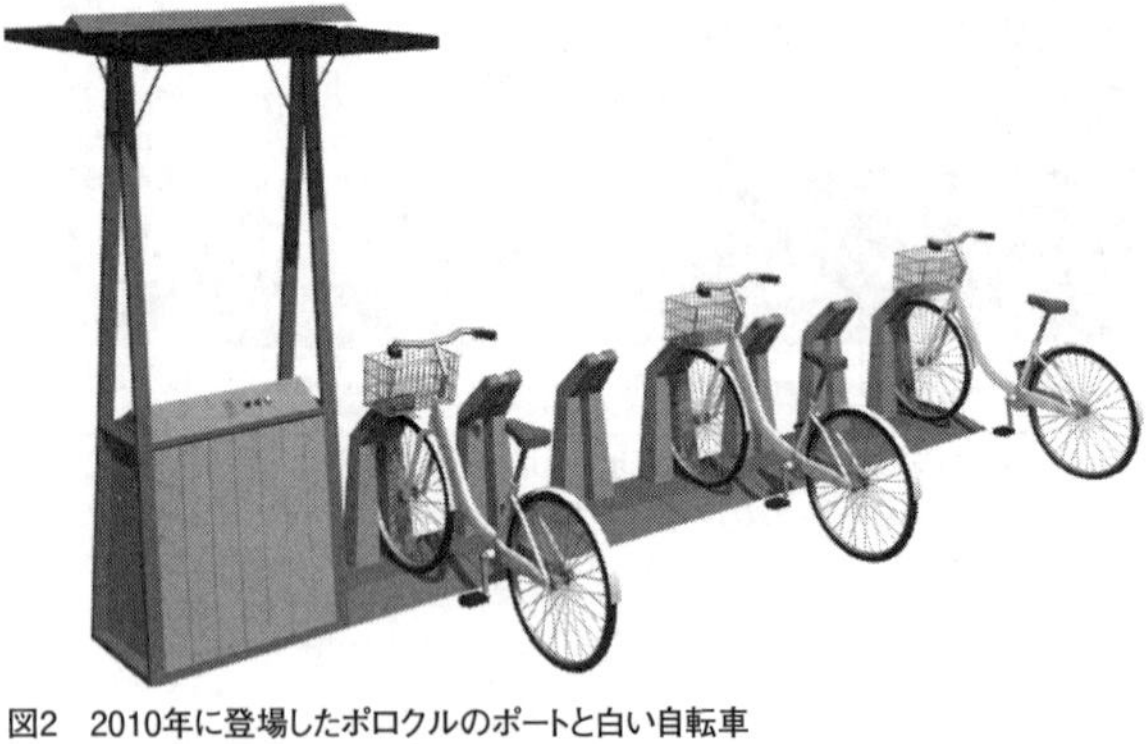

図2　2010年に登場したポロクルのポートと白い自転車
グッドデザイン賞審査員である南雲勝志氏によるデザイン

写真2　札幌都心部に設置されたポート
ICカードまたはおサイフケータイをポートにかざし、ラックのボタンを押すと、ロックが外れる

おサイフケータイをポートにかざし、ランプの光っているラックに自転車の前輪を差し込むだけで返却が完了する。

どの自転車をだれがいつ借りたのか、リアルタイムに管理することで、自転車の盗難防止につながる。そしてこの利用情報が、月次で決済システムに送られるため、利用者は利用のたびに料金を支払う煩わしさがない。

これに加え、近くのポートで自転車が借りられるか、目的地付近のポートが満杯になっていないかを、利用者が携帯電話で簡単に調べることができるシステムを開発した。

「ポロクル２０１０」は、管理をＩＴに委ねることで自転車が持つ本来の便利さや手軽さを利用者に提供し、それにより自転車の〝所有〟を〝共有〟に変え、まちの元気につなげていこうという社会実験であった。個人所有から解放された自転車が公共交通となって、まちをどのように変えるか、これを確かめたいと思ったのだ。

ヨーロッパのサイクルシェアリング

市街に多数のポートを設け、自由な乗り降りを可能にしたサイクルシェアリングの計画は、ヨーロッパでは何度となく試みられてきた。

昭和40年（1965年）、自転車保有台数世界一である自転車大国オランダのアムステルダムで、2万台の公共自転車を配置し、市民に自由に乗ってもらおうという計画がサイクルシェアリングの最初であろう。自転車の色が白かったことから「ホワイトバイク計画」とよばれ、当時大きな話題となった。しかし、利用者のマナーが悪く、自転車の盗難や破壊、無秩序な放置が発生し、すぐに頓挫してしまった。

平成8年（1996年）、無料ではマナーの向上が期待できないという経験から、デンマークのコペンハーゲン市はデポジット制によるサイクルシェアリングを始めた。市内には2300台の自転車と110カ所のポートが配置された。コインロッカーのようにコインを投入することでポートにとめてあった自転車のロックを解除して自転車を借りるシ

写真3　コペンハーゲンのコミュニティサイクル
自転車のハンドル部にコインを入れるとロックが外れる

ステムであった。

　日本では、平成12年からこのコペンハーゲンの事例を参考に、筑波研究学園都市で「のりのり自転車」というサイクルシェアリングが行われた。ポートは11カ所あり、165台の自転車が用意された。ハンドルについているコインボックスに100円を入れるとロックが解除される。正しくポートに戻せば100円が戻ってくる仕組みだった。快調なすべり出しを見せたものの、165台の自転車が私物化されるなどして、わずか10カ月で10数台にまで減ってしまったという。

　このように、環境にやさしい自転車をみんなでシェア（共有）しようという試みは何度となく実施されたものの、管理の難しさによって持続させることが困難となっていた。

写真4　パリの街角にあるコミュニティサイクル「ヴェリブ」のポート
ラック部にICカードをかざすとロックが外れる

そんなサイクルシェアリングを救ったのはＩＴの発達だった。

　ポロクルのモデルとなったのは、平成19年（２００７年）にフランスのパリで開始された「ヴェリブ」である。

　ヴェリブは、１４５０カ所のポート、２万６００台の自転車で運営する大規模なサイクルシェアリングである。ポートはパリ市内全域に約３００ｍ間隔に設置され、１日の登録料１ユーロを支払えば、30分以内は無料で借りられる。最初の１年間で２７５０万人がこれを利用したという。

　この大規模なサイクルシェアリングを支えているのが最新のＩＴである。ヴェリブの各ポートには、「ボルヌ」というディスプレイ付きの端末が設置されている。このボルヌで、利用者はユーザー登録、レンタルの申し込み、クレジットカードでの料金の払い込みなどを行う。ボルヌからリアルタイムで送られてくるデータに基づいて、ヴェリブは最少の人員で運営されている。

ヴェリブの登場は、平成13年（2001年）に登場したドラノエ社会党市政によるところが大きい。ドラノエ市長は、平成32年（2020年）までにパリの自動車交通量を4割減らす目標を掲げ、路面電車復活や自転車利用促進などの交通政策を打ち出した。この政策にJCドゥコー社の斬新な広告戦略が結びついて生まれたのがヴェリブだった。

新世代サイクルシェアリング成功の決め手はITである。これの活用によってポートの無人運営が可能になり、サイクルシェアリングは実用性を高めた。その一方、こうしたシステムを構築するには巨大な費用がかかる。このような新世代サイクルシェアリ

写真5　ヴェリブのポート端末「ボルヌ」
料金をクレジットカードで決済する

ングを、屋外広告がまちにあふれている日本の都市に導入する場合、独自の新たな試みが必要であろうと筆者らは考えた。

そこでポロクルは、2つの挑戦を行った。ひとつは、ポート～運営拠点間の通信に携帯電話回線を活用し、ポートで必要となる電力をソーラーパネル＋バッテリーで賄うことのできる自立したポートを開発したこと。このポートは設置工事を必要としないため、設置コストの削減を可能にした。もうひとつは、地域で活動するさまざまな人々や団体と連携したこと。地域に根ざしたサイクルシェアリングを目指し、その価値を地域の力で高めようとしたのである。

チーム自転車創業

21世紀に入り、環境にやさしい自転車への期待が高まる一方で、放置自転車や事故の増加など自転車にまつわる諸問題も顕在化してきた。これにともない自転車を含めた交通体系の再検討が全国各地で始まっていた。そして、交通管理計画、交通システム計画の設計・立案を主な仕事とする当社交通部でも、自転車交通を視野に入れた交通計画の調査や設計に携わる機会が増えていった。

写真6　札幌の都心にあふれる放置自転車
ポロクルには、この問題の解決に役立ちたいという狙いもあった

平成20年5月、そんな交通部の中に「チーム自転車創業」という有志のグループが自然発生的に生まれた。平成22年に創業50年を迎えようとしていた当社は、長期経営ビジョンを策定し、新規事業を積極的に開拓していくことを推奨していた。このような社内空気のなか、筆者も加わったチーム自転車創業は始まった。

同年10月、チーム自転車創業は、〝自転車による移動・まち・人のつながり〟について発信しようと、札幌駅前のイベントスペースを会場に、第1回「北海道モビリティカフェ」というイベントを開催した。自転車に関心の高い東京大学、北海道大学などの学生の協力を得て、仮想のサイクルシェアリングに見立てた自転車で市内を回り、その体験を元にサイクルシェアリングのあり方を議論するワークショップがイベントの中心であった。

写真7　第1回「北海道モビリティカフェ」でのワークショップの様子
学生たちがサイクルシェアリングのあり方を議論した

イベントに参加した東大生は、羽藤英二准教授（東京大学大学院）のもと千葉県柏市で「柏の葉自転車街づくりの取り組み－自転車共同利用サービスの導入」などを研究する学生たちである。ここでも乗り捨て自由なオリジナルデザイン自転車によるサイクルシェアリングが取り組みの中心になっていた。

また北大生は、萩原亨准教授（北海道大学大学院・現同教授）が指導する「自転車MOTTAINAIプロジェクト」に関わった学生たちだった。彼らは、まちにあふれる放置自転車は〝もったいない〟ので、これをみんなで共有すると放置自転車問題の解消につながるとして、北大キャンパスに3カ所のポートを設置し、自由に自転車の乗り降りができるようにした。このプロジェクトは、自転車の貸し借りに携帯電話を利用し、鍵の番号を通知するシステムを導入していた。これはポロクルの原型とも言える取り組みだった。

学生たちを中心に熱い議論がなされた「北海道モビリティカフェ」は、自転車の可能性を探る産学ネットワーク「北海道モビリティデザイン研究会」へと発展する。

そしてここに羽藤准教授、萩原准教授のほか、篠原修教授（政策研究大学大学院）、高橋清准教授（北見工業大学）、八馬智助教（千葉大学大学院）、有村幹治助教（日本大学・現室蘭工業大学）、南雲勝志代表（ナグモデザイン事務所）など、都市における新しい交通や美しい街並みに関心を寄せる第一線の研究者の参画が叶った。

こうした背景のもと、自分たちの取り組みが、単なる観光レンタサイクルの拡張版ではなく、人々のライフスタイルを変えること、車中心の交通文化を変えること、企業文化を変えることだという確信を深めた筆者らは、携帯電話を活用したサイクルシェアリングへと取り組みの焦点を絞り込んでいった。

ものづくりと移動風景の再生

平成21年、取り組みの主体を「北海道モビリティデザイン研究会」に移し、実際にサイクルシェアリングの実証実験を実施することにした。

　実証実験を行うならば、無人で管理が可能であり、かつ都市景観にマッチするポートの製作は不可欠である。これは、昭和2年創業の老舗で、牛乳用のバルククーラーなどの製作を手がける札幌の株式会社土谷製作所に依頼した。

「私たちは酪農関係の製品で知られていますが、基本はものづくり屋。設計部門があり、図面からものがつくれるのです。環境問題を意識しなければならないこの時代に、自転車で世の中を変えたい、という彼らの意気込みにひかれていきました。もちろん、製造業として成長の見込める新しい事業への投資という目論見はありましたが、それ以上に北海道でやることに意義を感じました。本州からは北海道の製造業が一段低く見られがちです。だから、ものづくり屋として、世の中を変える可能性のあるものを北海道から発信したいと思ったのです」

　こう語る土谷敏行社長は、北海道のためになる事業として、依頼からわずか3カ月でポートを製作し、設置するという離れ業をやってのけた。

　サイクルシェアリングの要である通信システムとポートの制御は、札幌の電気通信会社シスコン株式会社が担うことになった。加えて、携帯電話の次の活用法としてサイクルシェアリングに強い興味を示した株式会社ＮＴＴドコモ北海道支社の協力が得られたのは、

写真8　土谷製作所でのポートの製作
利便性とセキュリティとの両立を目指して、試行錯誤が続いた

早くから携帯電話利用を念頭に置いていたポロクルにとって願ってもないことだった。

平成21年9月19日から30日までの12日間、最初の実証実験「ポロクル２００９」を、10基のポート、50台の自転車で行った。オープニングに合わせて開かれた第2回「北海道モビリティカフェ」で、羽藤准教授は次のようにポロクルへの期待を示してくれた。

「19世紀から20世紀、21世紀へと時代が進むにつれて、移動風景が壊れてしまった。今では移動時間は、できるだけ時間を切り詰めるべきであり、苦痛な時間だと思われています。でも、かつては移動すること自体が楽しみだった時代もあったのです。今、それを感じようとすると自転車が最もふさわしい。ですから、ポロクルを通して移動風景の再生、移動することの喜びを、将来に向けて札幌から発信できればよい」

実験の結果、郊外駅から自宅までの通勤利用に対応する駅型では74名の登録で538回の利用、都心型では252名の登録で675回の利用があった。料金の徴収は行わなかったものの携帯電話を用いた個人認証システムを導入することができた。利用者の反応は上々で、期間延長や継続を求める声が多く寄せられた。マスコミの好意的な報道も、私たちを勇気づけた。

実験後、こうした動きが株式会社NTTドコモ本社（以下「NTTドコモ」）に伝わった。12月、サイクルシェアリングに関して、ケータイを中心とした位置情報、決済処理等の各種プラットフォームの構築を目指すNTTドコモと、新しい交通手段としての活用を目指す当社は、サイクリルシェアリングの取り組みを共同で推進する合意文書を取り交わすに至った。私たちは、〝山は動いた〟との確信を胸に年を越した。

〝共有する思想〟の共有

平成22年、「サイクルシェアリング実証実験ポロクル2010」を、NTTドコモと当社を実施主体に、6月～9月までの4カ月間にわたって行った。これに先立って4月1日、

写真9　第2回「北海道モビリティカフェ」でのパネルディスカッション
札幌における移動風景の再生について議論がなされた

写真10　「ポロクル2009」で、ドーコン本社内に設置されたポート
秩序正しく並んだ青い自転車が、新札幌の風景を一変させた

図3　「ポロクル2010」のポートマップ
開始時の設置は6カ所であったが、9月には18カ所まで増やすことができた

当社交通部の中にサイクルシェアリングに関する企画、調査、製品開発ならびに本格的な普及に向けた事業性検証を行う「サイクルシェアリング推進室」を設置した。

「ポロクル２０１０」は、車社会の中にあって自転車を共有する公共政策が果たして有効なのか、またサイクルシェアリングが現実にビジネスとして成立するのかを判断する実証として取り組んだ。

このため「ポロクル２００９」ではわずか12日間だった実験期間は6月1日から9月末までの4カ月間と大幅に拡大するとともに、ポート数と自転車数も倍増した。またクレジットカードを活用した決済システムも、ＮＴＴドコモの全面的な協力によって実現した。

サイクルシェアリングを支える地域連携のモデルをつくることも実験の目的に加わった。国道36号へのポート設置に「札幌大通まちづくり株式会社」が主体的に取り組んでくれたことがその代表例である。同社は大通地区のまちづくりの総合調整役として平成21年に誕生した。

「ポロクルの利用を広げようとするならば、まちなかにもっとポートが必要です。まちなかのポートが増えれば増えるほど、ポートの連動性もＰＲ効果も高まります。まちなかの公共空間にポートの設置を認めてもらおうとするならば、まちづくり会社としての私たちが主体になるほうが合意を得られやすいと考えたのです。

でも、頼まれたから動いたのではありません。この話を持ちかけられたときに、これは自分たちがやるべき仕事だと思いました。まちづくり会社としても放置自転車対策は大きな課題ではありました。それ以上にポロクルが広がれば、徒歩や自動車では行きづらかった場所に人々が訪れるようになります。まちなかでの移動手段が多様化することで、まちは活性化します。だから、これは私たちの仕事なのです。

まったく新しい社会実験なので、いろいろな問題がありましたが、議論を重ね、納得を積み重ねていくうちに、関わる人たちがそれぞれに自転車をシェア（共有）するという考え方に可能性を見出していったと思います。研究会ベースの「ポロクル２００９」と違って、規模を拡大した「ポロクル２０１０」はいろいろな人たちの協力がなければできなかった。想いと責任をそれぞれが共有しながら、進めていったのです。このつながりと広がりこそが「ポロクル２０１０」の最大の成果だったのではないでしょうか」

こう語る服部彰治取締役統括部長は、関係機関や地域との調整に尽力してくださった。

９月１日、札幌のど真ん中にある「札幌ＰＡＲＣＯ新館」と「ＰＩＶＯＴ」前にポートを置くことができた。歩行者の通行の妨げにならないように自転車を斜めに並べた特製ポートは、道行く市民にポロクルを強く印象づけたに違いない。あわせて、国道上のポート設置は、道路管理者である国土交通省札幌開発建設部の後押しがなければ実現しなかっ

写真11　国道36号の札幌PARCO新館前に置かれたポート
歩行者の通行の妨げにならないように自転車を斜めに並べた

たことに対し感謝の意を表しておきたい。

事業化に向けては、運営体制の構築も実験の主要な目的となった。「ポロクル２０１０」ではポートでのユーザー対応や点検、自転車のメンテナンスや再配置などの運営実務を環境ボランティア団体「環境ＮＧＯ ｅｚｏｒｏｃｋ」に委託した。彼らは北海道最大の野外ロックコンサート「ライジングサン・ロックフェスティバル」を環境に配慮したイベントにしようとする活動を主軸に、若者の視点から環境活動に取り組んでいる。サイクルシェアリングの将来をにらみ、若い世代から新たな自転車文化を発信することが重要と考えての委託だった。

「日本で初めてのことに参加しているという意識はありました。何をどうすべきか、運営のためのマニュアルはあったのですが、みんな初

写真12　ezorockのメンバー
若者たちのさわやかな対応がポロクルの価値を高めた

めての経験。こうやったらよくなるよね、こうした方がいいよ、と現場での一人ひとりの工夫が、だんだんと積み重なっていったと思います」と北海道大学大学院で学ぶ真鍋翔さんはいう。

札幌から新しい文化を発信するのだという気概に支えられた若者たちの積極的な姿勢は利用者にも伝わった。サイクルシェアリング推進室には利用者からこんな声が寄せられた。

「自転車もポートもいつもきれいで整備も完璧でした。メンテナンスの方にご苦労さまでしたとお伝えください」(公務員・男性)

「何度かスタッフの方とポート付近で会ったがとても感じがよく、気持ちよく利用することができた」(会社員・女性)

「ポロクルは楽しかったです。スタッフのみなさまにとてもやさしくしてもらいました」(会社員・男性)

ポロクルの運営スタッフは「自転車は左側通行だよ!!」「自転車も自動車の仲間です」と書かれたロゴ入りのTシャツをユニフォームとして着用した。自転車利用の基本ルールを守ることが、サイクルシェアリングの出発点であるという想いからだった。このTシャツのロゴは、NPO法人自転車活用推進研究会の小林成基理事長の協力を得て実現できたことも私たちにとって幸運であった。

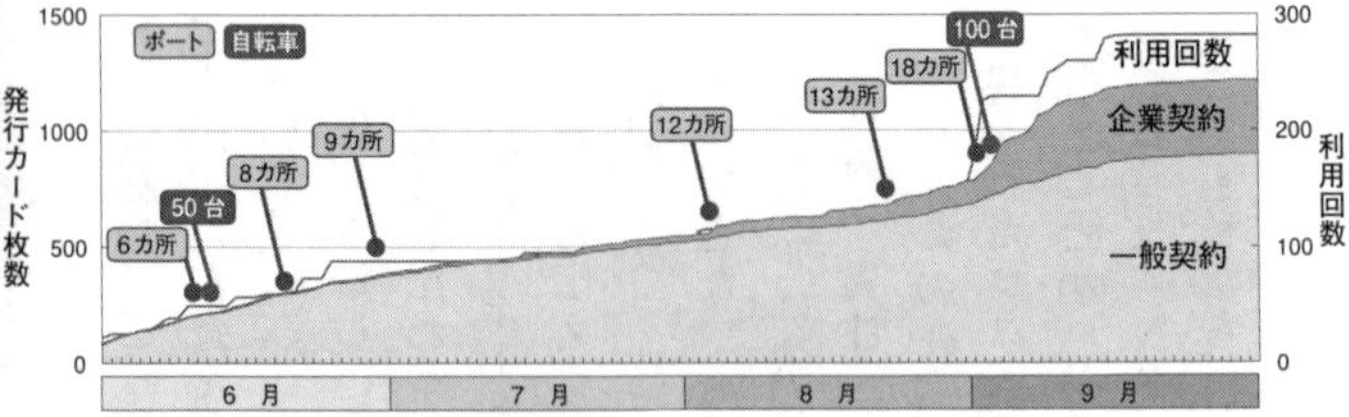

図4 「ポロクル2010」の利用回数、カード発行枚数の推移
9月から一般契約、法人契約とも急増した

ポロクル2010の成果

平成22年6月1日、6カ所のポートから始まった「ポロクル2010」。ポートが漸次増えていったことによって1日の利用回数は100を数えた。18カ所のポートが揃い、自転車100台体制が整った9月は、法人会員募集の取り組みが強化されたことも手伝って利用者が急増。最大利用回数282回を記録したのは9月30日、実験期間の最終日だった。最終的な登録ユーザーは1217名になった。

実証実験の期間が長くなるにつれ、ポロクルは市民の日常の足として定着していった。事後に行ったアンケート回答の記述をいくつか拾ってみる。

「通勤の際に使わせていただきましたが、時間の短縮になりとてもよかったです。夏は自転車の乗り心地もよかったので、また乗りたいと思う爽快感を味わえました」（会社員・男性）

「営業先が地下鉄駅から離れていたり、短距離でも徒歩で10分かかる場合でも、ポロクルならアクセスがスムーズで、営業準備や取引先での打ち合わせにかける時間が増え、仕事の生産性も上がりました」（会社員・女性）

「会社では、短い距離の移動でも会社の車を社員が借りることが多かったのですが、ポロクルのようなシステムがあれば、大変便利に利用させていただけると思います」（会社員・男性）

契約法人のひとつ富士ゼロックス北海道株式会社は、環境に貢献する活動を行った社員を表彰する制度を設けているが、企業契約担当窓口の方の熱心な働きかけによって、ポロクルの利用が表彰制度のポイントに数えられるようになったという。

ポロクルが市民に浸透してくると、集客や顧客サービスにつながるとしてポートの設置を積極的に受け入れる企業も現れてきた。そんな企業数社と提携し、9月14日から「ポロクルポイント」のサービスをスタートさせた。これは、提携店に備えた2次元コードを携帯電話で読み取り、ポイントを獲得するモバイル型ポイントサービスである。

ポロクルに対する企業の予想以上に高い関心は、札幌でサイクルシェアリングを事業として立ち上げるための大きな可能性を示した。

一方、利用者アンケートを見ると、約5割が『公共交通とポロクルの利用が増加した』

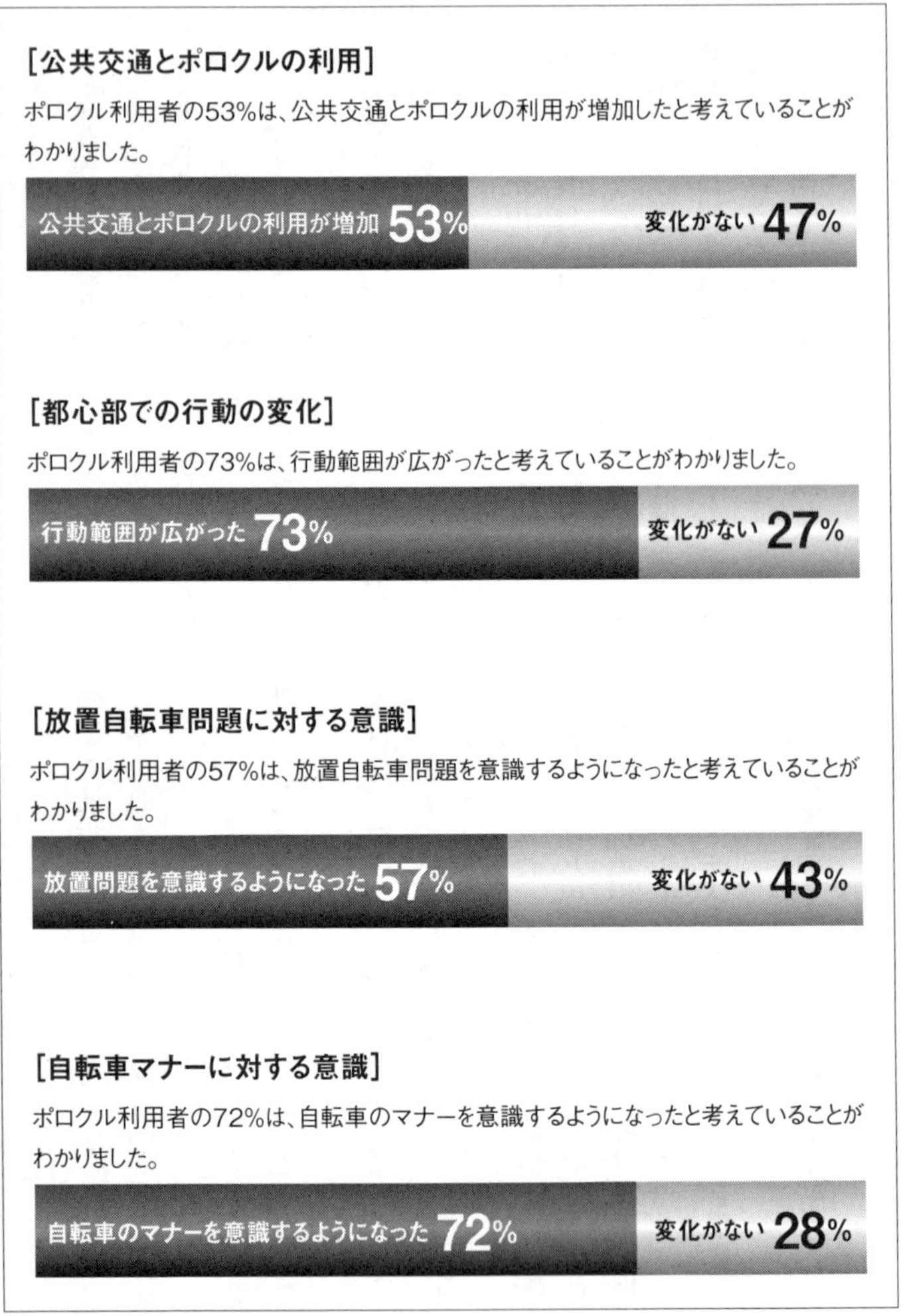
[公共交通とポロクルの利用]
ポロクル利用者の53%は、公共交通とポロクルの利用が増加したと考えていることがわかりました。
公共交通とポロクルの利用が増加 53%
変化がない 47%
[都心部での行動の変化]
ポロクル利用者の73%は、行動範囲が広がったと考えていることがわかりました。
行動範囲が広がった 73%
変化がない 27%
[放置自転車問題に対する意識]
ポロクル利用者の57%は、放置自転車問題を意識するようになったと考えていることがわかりました。
放置問題を意識するようになった 57%
変化がない 43%
[自転車マナーに対する意識]
ポロクル利用者の72%は、自転車のマナーを意識するようになったと考えていることがわかりました。
自転車のマナーを意識するようになった 72%
変化がない 28%

図5　「ポロクル2010」利用者アンケート
公共政策としての可能性を確認できた

と答え、約7割が『行動範囲が広がった』と答えている。これはポロクルが都心部での人の動きを活性化させ、市民のライフスタイルを変える可能性を示している。

また約5割が『放置問題を意識するようになった』、約7割が『自転車のマナーを意識するようになった』と答えていることから、自転車マナー向上にも一役買ったと言えよう。

以上から、「ポロクル2010」によって、公共政策としてのサイクルシェアリングの可能性を確認することができたと筆者は考える。ポロクルは、これに携わった多くの人たちの、未来の北海道のため、持続的な社会づくりのため、という理念が行動に変わることで実現した。ハードルを越えたという自信は、次のステップに行ったときの大きな勇気となって、きっと明日につながるはずだ。

おわりに

北海道モビリティデザイン研究会のメンバーである萩原亨教授（北海道大学大学院）は、このような言葉で私たちを力づけてくれる。

「社会的企業（Social Enterprise）という概念がある。利潤追求一本槍ではなく、持続可能な利益を得ながら、社会にとって重要な事業を担っていく存在。行政でもなく、民間でもなく、その間を埋める部門が、これからの日本には必要になっていきます。ポロクルの事業は公共性が強い。しかし、儲けながらやっていくことも必要。移動という従来は公共が担ってきた事業を、社会的企業となってその一部を担っていくことは、今日大変に意義深い」

行政のエージェントとして、これまで表に出ることの少なかった私たちコンサルタント会社の内部には、今の時代に求められる知恵や技術が蓄積されているはずだ。時代は社会と直接つながりを持つことをきっと私たちに求めているに違いない。

最後に、本プロジェクトの火付け役であり責任者である、安江哲取締役執行役員交通事業本部長の言葉を紹介してこの稿を閉じよう。

「私たちが取り組んでいるポロクルとは、単に自転車を貸すだけの仕事ではなく、私たちがこれまでに培ってきた技術とＩＴなどの新しい技術を組み合わせ、また、地域で実際に活動する人々との連携を通じて価値を創造する仕事、すなわちこれからのコンサルタントとして取り組むべき新しい仕事であると考えています。

平野道夫代表取締役社長が、当社50周年記念式典においてドーコン社員にメッセージを送りました。

『１００年企業を目指して、質の高い品格と文化の香りがする社会資本を未来の世代に

写真13　「北海道モビリティカフェ2010」の関係者たち
多くの人々の力によって、「ポロクル2010」は成功裏に終えることができた

残せるような仕事をしよう！』

　このポロクルを私たちの新しい仕事として取り組むことで、まちのにぎわいの創出、自転車をめぐる諸問題の解決、自動車に依存しないライフスタイルの実現など、都市の新しい文化を創るきっかけとなり、ひいては国際的に見ても美しい札幌のまちに生まれ変わっていく、そんな近未来を想像しています。

　ポロクルは平成23年春、本格的な事業として踏み切ることになりました。ぜひ、このポロクルを応援してください」

［参考文献］芝原　隆（時事通信社パリ支局）「パリのレンタサイクル『ヴェリブ』の効果と課題」（日本民営鉄道協会広報誌みんてつ・２００９年秋号）／都市型コミュニティサイクル研究会「コミュニティサイクル―公共交通を補完する新自転車システム―」（化学工業日報社・２０１０年６月）

あとがき

札幌農学校でウィリアム・スミス・クラークの薫陶を受けた第一期卒業生の内田瀞《うちだきよし》は、北海道庁技師として北海道殖民地選定・区画測設事業の中心的な役割を担い、退職後も上川地方の農業開拓に大きな功績を残した技術者である。

その内田のフィールドノート（野外手帳）を北海道開拓記念館で閲覧して驚いた。測量の実務的な事柄はもちろんのこと、金銭出納、成果の感想や心情、打ち合わせ内容、折衝相手への不満、思いついたことの覚書など、毎日のあらゆる出来事を、一冊の小さな手帳に自分だけが理解できれば十分という文字で（つまり汚い字で）克明に綴っている。

部下に指示するために描いたと思われる「測量やぐら」のスケッチや測量杭の位置を指定する平面図もあり、余白は筆算に使われている。要するに、高名な明治のエンジニアも、現代の私たちと同じ道具を同じように使っていたので驚いたのだ。

まあしかし、考えてみれば、後にこれらの情報を基にして企画書、報告書や図面を作成するのだから当然のことである。私の場合はメモ代わりに写真撮影や録音を行うこともあるので、野外手帳は少ないほうだと思うが、それでも年に6、7冊にはなる。これはけっして正式な書類にはならない私的な記録だが、その日、その場所で打ち合わせたこと、考えたこと、発見したことが網羅されている唯一の情報源であり、ある意味でアイデアを生み出す貴重な素材なのだ。だからこそ内田も若い頃のフィールドノートを生涯大切に保管していたのではないかと思う。

ここに、本書を「エンジニアの野外手帳」と名付けた理由がある。つまり、日常業務の正式な報告書には書くことがない話題ではあるが、私たちコンサルタントエンジニアが野外を歩き回って発見したり考察してきた「北海道の魅力を向上させるための視座やメッセージ」12編に、個々の技術者が自由に描いたノートという意味を持たせたかったのだ。また、雑多なこぼれ話でも、記録さえしておけば、だれかにヒントを与える情報源になれるという期待感もあった。

12編の話題は、私たちの日常の活動スタイルに即して章を区切ることとした。すなわち、解明すること（Ⅰ 自然の成り立ちを知る）、探求すること（Ⅱ 土地の履歴をひもとく）、創出すること（Ⅲ 未来の風景を創る）、そして挑戦すること（Ⅳ ソーシャルビジネスの扉をひらく）の4章である。私たちの仕事を網羅した編成ではないが、コンサルタントという職能に興味を持っていただければ大変うれしい。

ところで、本書を作成して改めてわかったことがある。

ひとつは、エンジニアって本当に主張やこだわりが強いのだということ。これは揺るぎない技術的信念があるので当然だ（しかし、それが文章に表れて読みづらい部分があるかもしれないと、実はちょっと心配している）。

二点目は、頭の中に思い描く「伝えたい内容」は「点」であって、第三者にわかりやすい内容にするためには「点」をつないで「線」にする作業が必要であり、思いがけず基本事項を勉強し直すいい機会になったということ。

三点目は、執筆者同士の会話から、やっぱりみんな仕事が好きなんだと実感したこと。だからこの叢書の発行は、エンジニア特有の技術的バックボーンが確認でき、勉強するきっかけになり、私たちの仕事の魅力を知ることができるというメリットがあるのだ。

「技術」をキーワードに、社会にも役立つ情報発信をしようと考え、この社内プロジェクトが始まった。しかし、以上のような理由で、これは格好の技術伝承のツールになり、会社がさらに元気になるための特効薬になる可能性もある。

一番トクをしたのは私たち自身かもしれないと、今は感じている。

最後に、この企画を引き受けてくださった共同文化社と、編集者の森浩義氏に深く感謝を申し上げたい。

ドーコン叢書編集委員長　畑山　義人

執筆者プロフィール

株式会社ドーコン
札幌市厚別区厚別中央一条五丁目四番一号
www.docon.jp

中原 英稟（なかはら　えいひん）
取締役専務執行役員
技術委員会委員長

安江 哲（やすえ　さとし）
取締役執行役員 交通事業本部長
《定山渓国道。知っているようで知らない土木遺産》

三沢 勝也（みさわ　かつや）
環境事業本部 環境保全部 主任
《潜水観察。冬も夜も潜って知った魚の社会》

三浦 和郎（みうら　かずお）
環境事業本部 環境保全部 技師長
《生態系の土台。北の大地にノネズミを追う》

山崎 淳（やまざき　じゅん）
環境事業本部 地質部 技師長
《マントルからの使者。蛇紋岩の恵み》

原内 裕（はらうち　ゆたか）
執行役員 環境事業本部 副本部長
《もうひとつの雪むし。
セッケイカワゲラはどこへ行く》

幅田 雅喜（はばた　まさき）
都市・地域事業本部 総合計画部長
《どうしようもなく上富が好き。
上富良野町都市マス物語》

澤 充隆（さわ　みつたか）
交通事業本部 交通部
サイクルシェアリング推進室長
《北からの挑戦。
サイクルシェアリング「ポロクル」》

畑山 義人（はたやま　よしひと）
交通事業本部 構造部 上席技師長
東京工業大学非常勤講師
ドーコン叢書編集委員長
《山アテ道路。
北海道の直線道路ミステリー》

堀岡 和晃（ほりおか　かずあき）
水工事業本部 河川環境部 技師長
北海道工業大学 非常勤講師（2011年4月より）
《川のお医者さん奮闘記。
健康な流れを取り戻す最先端の土木技術》

向井 直樹（むかい　なおき）
水工事業本部 河川部 次長
《治水百年。
100㎞短くなった石狩川》

高橋 正州（たかはし　まさくに）
環境事業本部 農業部 技師長
《土を診る。
特殊土壌に覆われた北海道》

大塚 英典（おおつか　えいすけ）
都市・地域事業本部 都市環境部長
ランドスケープコンサルタンツ協会 北海道支部長
《風景を読み解く。
ランドスケープ・デザインの世界》

株式会社ドーコン

北海道を中心に日本国内の道路、橋梁、河川、防災、農業、環境、地質、都市・地域開発、建築などの「社会資本整備」において、企画・調査・計画・設計・施工管理等の技術サービスを提供している総合建設コンサルタント。

昭和35年6月1日に北海道開発コンサルタント株式会社を創立。平成13年に現社名に変更。「信頼の〝人と技術〟で豊かな人間環境の創造に貢献する」という経営理念のもと人と自然が共生できる快適な生活環境づくりを目指している。職員数623名（平成22年6月1日現在）。

代表取締役社長　平野 道夫

本　社　〒004-8585
札幌市厚別区厚別中央1条5丁目4番1号（代表電話 011-801-1500）
支　店　東京支店（東京都中央区）、東北支店（仙台市青葉区）
事務所　函館、旭川、釧路

URL　http://www.docon.jp

ドーコン叢書……❶

エンジニアの野外手帳

北海道のためにできること12の点描

2011（平成23）年3月18日 発行
2012（平成24）年8月1日 第二刷

編著者　ドーコン叢書編集委員会
編　集　森 浩義（企業組合エディアワークス）
発行所　株式会社共同文化社
〒060-0033
札幌市中央区北3条東5丁目
電話 011-251-8078
http://kyodo-bunkasha.net/
印　刷　株式会社アイワード
装　幀　佐々木 正男（佐々木デザイン事務所）
編集協力　若井 理恵

ISBN978-4-87739-196-6